广东省高速公路工程施工安全标准化指南系列

Guangdong Sheng Gaosu Gonglu Gongcheng Shigong Anquan Biaozhunhua Zhinan
广东省高速公路工程施工安全标准化指南

Disance　　Banzu Jianshe
第三册　班组建设

广东省交通运输厅　组织编写

人民交通出版社股份有限公司
China Communications Press Co.,Ltd.

内 容 提 要

本书共分4章,内容包括概述、管理职责、班组管理、班组运作,附录为班组建设的相关图表。

本书针对施工班组管理与运作的重点与难点,系统梳理了建设、监理、施工、专业分包与劳务合作等单位班组管理的职责和行为标准,明晰、规范了班组内部运作的程序和具体要求,从班组外部管理和内部运作两个层面,建立了较为完整的高速公路施工班组建设管理体系,对工程项目开展班组建设具有较好的指导作用和实用价值。

本书可供公路建设单位和施工单位的管理人员、技术人员,以及公路建设相关企业的技术管理人员在工作中参考。

图书在版编目(CIP)数据

广东省高速公路工程施工安全标准化指南. 第三册,班组建设 / 广东省交通运输厅组织编写. — 北京:人民交通出版社股份有限公司, 2017.11
ISBN 978-7-114-14025-9

Ⅰ.①广… Ⅱ.①广… Ⅲ.①高速公路—道路工程—工程施工—安全管理—广东—指南 Ⅳ.①U412.36-62

中国版本图书馆CIP数据核字(2017)第170152号

广东省高速公路工程施工安全标准化指南系列
书　　名:广东省高速公路工程施工安全标准化指南　第三册　班组建设
著　作　者:广东省交通运输厅
责任编辑:刘永超　石　遥
出版发行:人民交通出版社股份有限公司
地　　址:(100011)北京市朝阳区安定门外外馆斜街3号
网　　址:http://www.ccpcl.com.cn
销售电话:(010)85285857
总 经 销:人民交通出版社股份有限公司发行部
经　　销:各地新华书店
印　　刷:北京市密东印刷有限公司
开　　本:880×1230　1/16
印　　张:4.5
字　　数:98千
版　　次:2017年11月　第1版
印　　次:2025年3月　第6次印刷
书　　号:ISBN 978-7-114-14025-9
定　　价:40.00元

(有印刷、装订质量问题的图书由本公司负责调换)

《广东省高速公路工程施工安全标准化指南
第三册 班组建设》

编审委员会

主 任 委 员：李　静

副主任委员：黄成造　曹晓峰

委　　　员：陈明星　付伦香　刘永忠　张家慧　王成皿　钟　华

　　　　　　陈振玉　杨红军　兰　青

编写人员

主　　　编：黄成造

副 主 编：王成皿　杨红军

编　　　写：吴存全　刘　琦　王天天　王旭阳　何　斌　丁　丽

　　　　　　李红杰　张志平　陈思文　符　兵　钟育堤　张文文

　　　　　　戚　昀　陈宏春　张　衡　张广维　黄振华　李超红

　　　　　　叶超明　王军智　毛　新　万洪生

校　　　对：高艳霞　李　明　冯　旭　王天天　王旭阳

序

安全生产事关人民生命财产安全，事关改革发展稳定大局，事关党和政府的形象与声誉。党的十八大以来，习近平总书记针对安全生产问题作了一系列重要论述，我们要认真学习、深刻领会，自觉运用这些重要论述指导安全生产工作，有效防范、坚决遏制重特大事故，促进我省交通运输行业安全生产形势根本好转。

为深入贯彻落实党中央、国务院《关于推进安全生产领域改革发展的意见》，进一步规范和加强我省高速公路安全生产工作，结合行业实际，我厅组织编写出版了《广东省高速公路工程施工安全标准化指南》（以下简称《指南》）。《指南》由管理行为、安全技术、班组建设三册组成，内容涵盖了高速公路施工安全的主要要素，由横向到纵向，由"中枢"至"末梢"，系统地提出了适合我省高速公路工程建设管理实际特点的安全行为标准、安全技术标准、班组建设标准以及其他新要求。

《指南》是对我省高速公路建设安全管理实践经验的总结与提升，是继我省推行交通建设工程施工标准化、造价标准化、设计标准化管理之后，又一新的标准化成果。《指南》的出版顺应了我省基础设施建设快速发展的需要，是贯彻落实党中央、国务院及省委、省政府关于安全生产一系列重要部署的具体行动，是我省响应和贯彻交通运输部要求，打造"品质工程"，深化"平安交通"建设的重要举措。

"十三五"时期是交通运输基础设施发展、服务水平提高和转型发展的黄金时期。当前，我省正深入开展高速公路建设大会战，力争到2020年全省高速公路通车总里程达到11000公里，基本建成安全、便捷、高效、绿色的现代化综合交通运输体系。发展决不能以牺牲安全为代价，这是一条不可逾越的红线，我们要宣贯好《指南》，落实好《指南》，进一步建立健全安全生产责任体系，强化企业主体责任落实，创新安全监管手段，构建长效机制，全面提升我省交通运输行业安全生产管理水平，为交通运输事业科学发展、安全发展提供有力支撑！

广东省交通运输厅党组书记、厅长

2017年3月

前　言

公路施工班组是工程建设的基本单元,是工程建设各项管理制度、施工方案的具体落实单位,其能力和水平直接影响工程的建设成果。

近几十年来,随着施工企业用工组织方式的变革,许多施工企业由原来主要依靠自有班组施工转变为通过劳务合作组织施工,形成了管理层与作业层"两层分离"的用工方式。大量农村劳动力进入工地,成为公路施工主力,在交通基础设施的大建设、大发展过程中作出了重要贡献,但这种用工方式,也存在一线施工班组职业技能较低、安全意识较差、流动性大等问题,不利于公路施工产业工人队伍的建设,不利于施工班组专业化施工能力的培养,影响了工程项目质量安全管理水平的提升。

加强以一线工人为主体的施工班组规范化、标准化建设,是贯彻落实中共中央、国务院《新时期产业工人队伍建设改革方案》精神,开展劳务用工改革,推进建筑业改革发展的必然之道;是加强工程项目基础管理,提升工程项目管理水平的内在需求;是防止"三违"行为,减少质量安全事故发生,不断降低事故总量,遏制重特大事故发生的基础性、源头性举措。

当前,广东省正在全面推进交通基础设施建设大会战,交通建设工程规模总量大,点多线长面广,质量安全管理面临巨大挑战。为采取有力措施规范班组管理,提高一线工人整体素质,着力解决质量、安全、进度管理"最后一公里"的问题,提升高速公路建设工程管理水平和实效,结合近年来广东省"零事故班组"创建的相关经验,广东省交通运输厅组织广东省交通集团有限公司等单位编写了《广东省高速公路工程施工安全标准化指南》(第三册班组建设)(以下简称《班组建设指南》)。

《班组建设指南》以推进班组规范化、标准化管理为核心,以推行公路施工现场劳务用工实名制为抓手,以提升工人职业技能、安全素质和生产生活条件为重点,直面传统班组管理的痛点、难点,系统性地提出了工程项目建设、监理、施工、用工单位的班组管理职责要求和管理行为标准,为班组建设提供了外部管理支撑;提出了班组内部运作的程序和要求,为班组自我管理提供解决方案,从班组外部管理和内部管理两个层面,初步构建了较为完整的高速公路工程施工班组建设管理体系,对推进高速公路施工人员职业化、队伍专业化、管理规范化和信息化具有重要意义。

《班组建设指南》系统性地归纳了高速公路施工班组类别、工种类别,创新性地提出了班组组建、班组长进场考核、劳务用工实名制管理等新要求,并探索了职业化工人队伍的培养途径,对促进和推动高速公路施工班组标准化建设具有较强的实用价值。

《班组建设指南》共4章,第1章概述介绍了编制背景和编写目的,以及推行班组建设的重要意义、思路与对策等;第2章管理职责从整体上明晰了建设、监理、施工、用工单位等班组管理单位职责;第3章班组管理提出了班组各管理单位的管理行为要求,构建了班组的外部管理体系;第4章班组运作提出了班组日循环程序和班组技术、质量、进度、安全管理等工作要求,构建了班组的内部运转体系;附录为上述各项工作开展提供辅助图表等。

《班组建设指南》在编写过程中得到了很多公路工程建设安全技术人员的关心和大力支持。主要撰写人员如下:编写大纲由黄成造、王成皿、杨红军撰写;1 概述由黄成造、刘琦、吴存全撰写;2 管理职责由吴存全、刘琦撰写;3.1 基础工作由刘琦、吴存全撰写;3.2 组织管理由刘琦、丁丽撰写;3.3 班组组建由刘琦、王旭阳、王天天撰写;3.4 用工实名管理由何斌撰写;3.5 工资支付由刘琦、何斌撰写;3.6 培训教育由刘琦撰写;3.7 班组交底、3.8 质量技术管理由何斌、李红杰撰写;3.9 进度管理由李红杰撰写;3.10 安全生产管理、3.11 环保管理、3.12 职业健康管理、3.13 文化培育由王天天撰写;3.14 检查监督由王旭阳撰写;3.15 绩效评价由刘琦、丁丽撰写;4.1 现场运作由王天天撰写;4.2 工作要求由吴存全、张志平、何斌、李红杰、王天天撰写;附录1~5、7、8 由相应章节撰写人员编制;附录6 班前危险预知手册示例由张文文、戚昀、陈宏春、张衡、张广维、黄振华、李超红、叶超明、王军智、毛新、万洪生编制。全文由刘琦、吴存全统稿,由高艳霞、李明、冯旭、王天天、王旭阳校对。

《班组建设指南》适用于广东省新建、改扩建高速公路工程施工班组建设安全管理,大修和其他工程可参照执行。对于《班组建设指南》未涵盖的内容,应依据现行法律、法规、标准规范执行。由于编制时间仓促,难免存在不足之处,请各单位在执行过程中,将发现的问题和意见函告广东省交通运输厅基建管理处。地址:广州市白云路27号,邮政编码:510101。

编　者
2017年9月

目 录

1 概述 ··· 1
   1.1 编制背景 ·· 1
   1.2 编写目的、依据与适用范围 ··· 5
   1.3 术语 ·· 6
2 管理职责 ··· 7
   2.1 建设单位职责 ·· 7
   2.2 监理单位职责 ·· 7
   2.3 施工单位职责 ·· 7
   2.4 用工单位职责 ·· 7
   2.5 班组职责 ·· 8
3 班组管理 ··· 9
   3.1 基础工作 ·· 9
   3.2 组织管理 ·· 10
   3.3 班组组建 ·· 12
   3.4 用工实名管理 ··· 14
   3.5 工资支付 ·· 18
   3.6 培训教育 ·· 19
   3.7 班组交底 ·· 21
   3.8 质量技术管理 ··· 21
   3.9 进度管理 ·· 22
   3.10 安全生产管理 ·· 22
   3.11 环保管理 ·· 24
   3.12 职业健康管理 ·· 25
   3.13 文化培育 ·· 26
   3.14 检查监督 ·· 26
   3.15 绩效评价 ·· 29
4 班组运作 ··· 33
   4.1 现场运作 ·· 33
   4.2 工作要求 ·· 36

附录1 班组建设方案大纲 ·· 39
附录2 建设项目工程划分 ·· 41
附录3 工人驻地标准 ·· 44
附录4 主要工种类别 ·· 45
附录5 安全生产承诺书 ·· 47
附录6 班组危险预知手册示例 ·· 48
附录7 班组建设评价标准 ·· 52
附录8 班组建设用表 ·· 57

1 概述

1.1 编制背景

1.1.1 公路施工班组

公路施工班组是工程项目的最小组织单元,是工程项目各项管理制度、施工方案的落实单位,班组管理水平和人员素质的高低,直接影响工程项目的质量、安全、进度等目标的实现。

与制造类企业班组相比,公路施工班组作业具有以下特点:

(1)作业场所不固定。

与制造类企业的车间作业不同,公路工程穿山越水,呈线状展开,公路施工班组的作业工点沿线路布设,类似于"流动的车间",作业场所不固定,作业环境变化大,质量安全风险控制难度大,野外露天作业时间长,作业条件艰苦。

(2)作业时间不固定。

与制造类企业的定时定量生产不同,公路施工班组的生产计划有时需动态调整,调集大量班组进行密集作业,劳动强度大,尤其是大中型桥梁、隧道、高填深挖路基土石方等控制性工程的施工。

(3)作业程序不固定。

与车间作业机械化程度高、作业程序相对固定不同,公路施工工法多、工序多、变化多,同一类型结构物的工艺工法可能因地质、水文、气候等施工条件的不同,而存在较大差异。公路施工的标准化设计、工厂化生产、装配式施工的普及水平不高。

(4)作业人员不固定。

临时招工较多,人员流动较为频繁,稳定性较差。

公路施工班组(以下简称"班组")的特点,决定了高速公路施工班组建设(以下简称"班组建设")应采取与其特点相适应的方法和途径。

1.1.2 班组建设现状与问题

近年来,随着广东省高速公路"双标管理"、"施工标准化"、"平安工地"建设的推进,高速公路建设管理水平得到了较大提升,班组建设的理论研究和实践探索也受到高度重视并取得一定进展,行业内掀起了创建"零事故班组"的热潮。通过开展"班前5分钟",一些建设项目基本建立了班前班后会议制度,培育了不少优秀班组,在班组内部运作、自我管理方面取得了一些经验。但总体来看,班组建设仍明显滞后于公路建设管理的整体发展要求,与公路施工标准化、工程项目品质化的发展要求不适应。主要存在以下问题:

(1)施工企业自有班组萎缩,劳务企业班组成为主要力量。

目前,公路施工企业实行管理层与作业层"两层分离"用工方式,劳务企业及其作业班组成为公路施工的主要力量,除部分企业保留了少量技术水平要求较高的专业班组外,相当部分施工企业基本上没有自有的施工队伍和作业班组,当市场发生劳动力紧缺或出现"急、难、险、重"任务时,难以依托劳务企业班组完成应急任务。

(2)班组管理职责不清晰,机制不健全。

从总承包企业到专业分包、劳务企业,对班组管理的职责不清晰,从上到下没有形成系统、有效的班组管理机制,班组这个基本单元实际处于"脱管"或"半脱管"状态,迫切需要明确各方管理责任,建立健全班组管理机制。

(3)班组建设制度体系不完善。

班组管理标准体系建设滞后,缺乏规范性指导要求。劳务企业对班组重使用、轻管理,缺乏配套完善的管理制度,一些劳务企业"空壳化"趋势明显,临时招工现象较为普遍。由于临时招用的工人和临时组建的班组素质参差不齐,稳定性差,成为诱发质量安全事故和不稳定事件的基础性原因。

(4)班组人员趋向老龄化,队伍不稳定,影响班组建设。

据调查,公路施工班组工人平均年龄超过 40 岁的现象较为普遍,部分工种甚至出现"后继乏人"的断层趋势。人员流动性大,施工企业、劳务企业招工难、用工难的问题突出,导致一些企业不得不放低招工标准和管理要求。班组人员老龄化、队伍不稳定的问题直接影响了班组管理规范化进程。

(5)班组人员职业技能、安全素质较低。

技能培训不受重视,工人技能水平提升缓慢,持有技能等级证书的工人比例较低。安全培训未纳入工时化管理,且常常占用工人休息时间,培训内容针对性不强,培训效果较差。高素质产业工人队伍尚未形成,不利于施工班组专业化发展,影响了工程项目质量安全管理水平的提升。

1.1.3 班组建设发展方向

在我国经济发展进入新常态,产业结构向中高端发展的大背景下,自 2016 年以来,国家和各有关行业主管部门对产业工人队伍建设和班组建设的重视达到了前所未有的高度,为高速公路施工班组的未来发展指明了方向。

2017 年 2 月,中共中央、国务院印发了《新时期产业工人队伍建设改革方案》,提出要把产业工人队伍建设作为实施科教兴国战略、人才强国战略、创新驱动发展战略的重要支撑和基础保障,纳入国家和地方经济社会发展规划,造就一支有理想守信念、懂技术会创新、敢担当讲奉献的宏大产业工人队伍。

2017年2月,国务院办公厅印发了《关于促进建筑业持续健康发展的意见》,明确提出:要提升建筑业从业人员素质,大力弘扬工匠精神,培养高素质建筑工人,到2020年中级工技能水平以上的建筑工人数量达到300万,2025年达到1000万。要促进农民工向技术工人转型,着力稳定和扩大农民工就业创业。建立全国建筑工人管理服务信息平台,开展建筑工人实名制管理,记录建筑工人的身份信息、培训情况、职业技能、从业记录等信息,逐步实现全覆盖。

2016年12月,交通运输部《关于打造公路水运品质工程的指导意见》提出:要推进班组管理规范化。建立健全施工班组管理制度,强化班组能力建设。加强施工技术交底,实行班前教育和工后总结制度。推行班组首次作业合格确认制,强化班组作业标准化、规范化和精细化。全面推行班组人员实名制管理,强化班组的考核与奖惩,夯实基层基础工作。

未来,公路施工班组将向"工人实名化、职业化,队伍专业化、产业化,管理规范化与信息化"方向发展。

(1)工人实名化、职业化。

开展劳务用工实名制管理,实名登记工人的基本身份信息、培训和技能状况、从业经历、工资支付等情况,保障工人和用工企业合法权益,强化公路工程建设领域人才市场建设。

培养职业化工人。通过劳动用工规范化、技能培训专业化、劳动力流动渠道化,提升一线工人素质,促进劳务工人向职业化工人转变,提升公路工程建设软实力。

(2)队伍专业化、产业化。

培育专业化施工队伍。通过用工方式改革,探索公路建设用工组织形式的多元化发展,引导总承包企业(专业承包企业)拥有一定数量的与其建立稳定劳动关系的专业技术工人队伍。

鼓励和引导有一定技术能力的班组组建小微专业作业企业,专业从事公路工程劳务作业,做专做精,并不断提升机械化施工程度、装配化施工水平和专业化施工能力,实现施工班组的专业化、产业化发展。

(3)管理规范化、信息化。

推进班组管理规范化,明晰施工单位、专业分包和劳务合作等班组管理单位职责,构建班组外部管理支撑。强化班组内部管理,使每一个班组走"规范化"管理路线,每一名工人走"规范化"操作路线,夯实班组内部管理根基。

运用信息化技术,尤其是移动互联网络技术,建立班组和一线工人管理服务信息平台,实施劳务用工实名管理,使班组管理的各项基础信息采集自动化、信息化、系统化,为公路施工班组建设能力的持续提升提供技术支撑。

1.1.4 班组建设思路与对策

多年的公路工程建设管理实践表明:施工班组和工人是公路建设各项管理制度和标准的直接落实者,是公路建设保质量、抓安全、促进度的关键,是公路建设质量安全工作的根本所在。加强以一线工人为主体的施工班组职业化、专业化、规范化建设,是落实中共中央、国务院关于加强新时期产业工人队伍建设,开展建筑劳务用工改革,推进建筑业持续健康发展的关键基础工作;是工程项目强化基础管理,提升工程项目管理水平,打造"平安工程"、"品质工程"的内在需求;是降低公路工程质量、安全事故总量,提高从业人员职业安全健康保障水平的源头性举措。

公路施工班组建设,应坚持"以人为本"的原则,践行"五大发展"理念,以推行班组规范化管理为核心,以提升工人职业能力、班组专业化施工水平以及改善工人生产生活条件为重点,综合考虑质量技术和安全管理等要求,加强政策引导、支撑,运用标准化、信息化等先进管理手段,着力构建公路施工班组建设管理体系,将管理制度、标准规范的要求落实到底,解决"质量安全最后一公里"问题,把班组建成坚守质量安全底线的坚强堡垒,着力打造"平安工程"、"品质工程"。

(1)明晰班组建设责任,建立班组规范化管理运作机制。

①明晰班组建设管理责任。

着力解决班组管理责任不清问题,建立"建设单位指导、协调,监理单位监督,施工单位负责,专业分包、劳务合作等单位具体实施"的班组建设责任体系,制订各管理单位班组管理行为规范,为班组建设提供管理支撑。

②建立班组运作机制。

建立班组日循环运作机制,实施班前会议、班中监督、班后总结制度。开展"班前危险预知",当天只讲当天事,通过心想、眼看、手指、口述,保障班组人员在各道工序、各个环节按规程作业,使"班前危险预知"成为安全生产第一道防线。

(2)推行劳务用工实名制,创新班组管理手段。

①推行劳务用工实名管理。

推行一线工人全员实名登记,实现工人信息"一次录入、全省通用",建立工人基本信息、培训教育、工资支付、行为评价动态电子档案。

②推行班组组建制度。

明确高速公路施工班组和工种类别,推行班组组建制度,赋予每个班组独立身份、独立命名,并纳入实名制系统进行进退场登记、信用评价管理。

③推行班组长任职考核制度。

建立各分项工程班组长考核题库,采取书面考试和现场实操测评相结合方式,实施班组长任职考核,并在施工过程中对班组长进行定期培训,着力提高班组长施工质量、技术、进度、安全管理水平。

(3)坚持"以人为本",提升班组人员职业安全健康的保障水平。

①完善工人社会保障。

探索建立与公路建设相适应的社会保险参保缴费方式,大力推进交通运输建筑施工企业参加工伤保险。

②降低公路施工劳动强度和职业安全风险。

大力推广"机械化换人、自动化减人",推进标准化设计、工厂化生产、装配化施工,提升施工效率和质量安全水平。

③改善从业人员生活条件。

提高工人驻地标准,改善工人生活条件,实现体面生活与劳动。加强文化建设,体现人文关怀。

(4)加强班组职业教育与培训,培养职业化、专业化施工队伍。

①加强班组职业教育。

大力推进校企合作,培养公路施工专业人才。健全公路施工职业技能标准体系,全面实施公路施工技术工人职业技能鉴定制度。培育一批公路施工工人职业技能鉴定机构,开展公路施工工人技能评价。

②加强班组职业培训。

提高工人培训学校基础配置标准,将"民工夜校"提升为"工人学校",集中开展8小时上岗技能、安全培训。加强"工人学校"管理,明确"工人学校"组织机构和日常教学管理要求,实施"一长三员制"(项目经理任校长,项目总工程师、安全员、施工员任教员)。

优化培训教材,分工种制定多媒体培训教材,采取"集中培训"与"送教上门"等方式,实施工人上岗和在岗技能、安全培训。优化培训方式,强化技能培训和实操培训,在"工人学校"设置实操训练场地,重点开展临时用电、焊接、钢筋绑扎、劳动防护用品使用等实操训练。

推行安全培训工时化,安全培训不得占用工人休息时间,且应支付工资。

(5)建立班组激励机制,探索班组信用管理。

①引导建立工人工资分配激励机制。

通过制定施工现场技能工人基本配备标准、发布各个技能等级和工种的人工成本信息等方式,引导施工企业将工资分配向关键技术岗位倾斜。

②建立班组激励机制。

在优质优价费用中提取班组建设奖励资金,定期开展"优秀工人""交通工匠"、"优秀班组"和"卓越班组"评价奖励。积极推动班组文化建设,推广优秀班组经验,促进班组管理的良性循环和持续改进。

③探索施工班组信用建设。

探索建立劳务企业、班组信用评价体系。建立以班组长姓名和班组类别为标识的班组命名规则,依托实名制系统,开展班组和工人从业行为评价。依托行业协会等单位,定期公布各总承包企业合格供应商评价结果,实现评价信息共享,并逐步探索建立专业分包、劳务企业信用评价系统。

④质量追溯向班组延伸。

实行"关键工序认可制"。关键工序完成后,班组要形成自检记录,由现场施工员验收认可。探索开展质量追溯到工人,每日班前由班组长制定分工记录,工人签名确认,为工程质量追溯到作业人员提供依据。

1.2 编写目的、依据与适用范围

1.2.1 编写目的

为规范高速公路工程施工班组管理,提高一线作业人员整体素质和技能,推进高速公路施工班组"工人实名化、职业化,队伍专业化、产业化,管理规范化、信息化",提升广东省高速公路建设项目质量安全标准化管理水平,创建"平安工程"、"品质工程",编制本指南。

1.2.2 编写依据

本指南依据国务院《建设工程质量管理条例》和《建设工程安全生产管理条例》、交通运输部《公路水运工程安全生产监督管理办法》,以及国家、交通运输部等主管部门发布的法律法规和标准规范等编制。

1.2.3 适用范围

本指南适用于广东省新建、改(扩)建高速公路工程施工班组建设,大修和其他工程可参照执行。

1.3 术语

班组

是由相同工种或性质相近、配套协作的不同工种组成的从事高速公路工程施工作业的最小组织单元。

班组长

是在班组运作中负责履行计划、组织、协调、指挥和控制等管理职能的负责人。

班组协管员

是在班组运作中负责协助班组长履行计划、组织、协调、指挥和控制等管理职能的班组成员。

班组管理

是指建设、监理、施工、用工单位对班组进行的外部监督或管理。

班组运作

是指班组长带领班组成员遵循班组管理和生产作业的相关规章制度、作业规程开展生产劳动和管理的过程。

班组建设

是指班组管理和班组运作的过程。

用工单位

是指为班组分配劳动任务,并对班组进行直接管理的单位。施工单位、专业分包单位自有(组建)的班组,施工单位、专业分包单位为班组的用工单位。与施工单位进行劳务合作的单位组建的班组,劳务合作单位为班组的用工单位。与专业分包单位进行劳务合作的单位组建的班组,劳务合作单位为班组的用工单位,班组建设具体工作开展按照项目管理层级关系和合同约定,由专业分包单位统一协调、落实。

2 管理职责

2.1 建设单位职责

2.1.1 对工程项目的班组建设负指导、监督、协调责任。
2.1.2 在招标文件和施工、监理合同中明确工程项目班组建设要求和标准。
2.1.3 在招标文件和施工合同中明确班组建设奖励资金的条款。
2.1.4 督促施工单位制定并落实《班组建设实施方案》。
2.1.5 对施工单位班组建设情况进行评价。
2.1.6 并对施工单位评选出的优秀班组进行审核,对用工单位班组管理行为进行抽查。

2.2 监理单位职责

2.2.1 按照合同约定对监理范围内的施工单位班组建设负具体监督责任。
2.2.2 审查施工单位《班组建设实施方案》。
2.2.3 督促施工单位落实班组建设。
2.2.4 协助建设单位对施工单位的班组建设进行评价。

2.3 施工单位职责

2.3.1 对班组建设负主体责任。
2.3.2 在与用工单位签订的合同中明确班组建设要求。
2.3.3 根据建设单位班组建设要求和标准,制定《班组建设实施方案》,上报监理单位审查。
2.3.4 建立班组管理和班组运作的责任体系、制度、规程等。
2.3.5 按照审核通过的《班组建设实施方案》开展各项工作,对班组建设进行全过程管理。
2.3.6 对工人从业行为进行动态评价和退场定级。
2.3.7 对用工单位的班组评价进行复核评价,对用工单位班组管理行为进行评价。

2.4 用工单位职责

2.4.1 对班组建设负直接责任。

2.4.2 按照施工单位班组建设制度和《班组建设实施方案》的要求,落实班组建设各项工作。

2.4.3 对所属班组进行评价,对本单位的班组管理行为进行自评,并将评价结果上报施工单位。

2.5 班组职责

2.5.1 落实施工单位、用工单位班组管理要求。

2.5.2 按照日循环要求进行现场运作。

2.5.3 完成班组质量、技术、进度、安全等内部管理工作。

3 班组管理

3.1 基础工作

3.1.1 合同管理

（1）建设单位应在招标文件和施工、监理合同中明确工程项目班组建设要求和标准。

（2）建设单位应设置班组建设奖励资金,用于优秀班组、优秀工人等的评比奖励。班组建设奖励资金以建安费为计算基数,一般不少于建安费的0.3%（从优质优价费用中支出）。

（3）建设单位应在监理合同中明确工程项目班组建设的监理要求。

（4）施工单位应在专业分包、劳务合作合同中明确班组建设要求,约定班组管理责任、违约责任等。

（5）专业分包单位进行劳务合作时,应在劳务合作合同中明确班组建设要求及班组管理职责分工、违约责任等。

3.1.2 班组建设方案

（1）建设单位应制定工程项目班组建设方案或在工程项目安全管理策划中编制班组建设专篇,明确工程项目班组建设总体目标及实施计划。

（2）施工单位应根据建设单位班组建设总体目标及实施要求,制定《班组建设实施方案》,明确班组建设具体目标、内容和步骤等（《班组建设实施方案大纲》见附录1）,上报监理单位审核,同意后抄送建设单位。

3.1.3 班组建设制度

（1）建设单位应在工程项目开工前制定工程项目劳务用工实名管理制度、工人工资支付监督管理制度、班组建设绩效评价制度或方案,印发建设单位各部门及监理、施工单位。

（2）施工单位应制定班组管理制度,或在相关管理制度中明确班组管理要求。制度应汇编成册,印发施工单位各部门、用工单位和班组,并通过微信等信息平台发布,供用工单位、班组查阅。

制度包括但不限于：班组进退场管理；劳务用工实名管理；劳务用工工资支付管理；培训教育与班组交底；安全生产与职业健康管理；质量、技术、进度管理；环保管理；文化培育；检查监督与班组绩效评价。

(3)施工单位应结合实际,制定班组运作制度。制度应制作成手册,分发给各班组。

制度应包括但不限于:班组长、班组协管员、班组成员岗位职责;班组劳动纪律;班组日循环管理;班组作业技术、质量、进度、安全、文明施工要求;各工种施工作业操作规程。

3.2 组织管理

3.2.1 建设单位

建设单位分管生产的负责人和工程技术管理部门负责牵头开展工程项目班组建设的指导、监督、协调工作,其他负责人和职能部门在各自职责范围内落实班组建设的指导、监督、协调职责。建设单位应明确各职能部门班组管理职责。

3.2.2 监理单位

监理单位分管工程的副总监和工程技术管理部门负责牵头开展工程项目班组建设的具体监督工作,其他职能部门在各自职责范围内落实班组建设的具体监督工作。监理单位应明确各职能部门班组监督职责。

3.2.3 施工单位

(1)施工单位应明确各负责人和职能部门班组管理职责。

(2)施工单位分管生产的负责人和工程技术管理部门负责牵头开展班组建设工作。其他各部门应在各自职责范围内落实班组管理工作。

(3)施工单位应建立班组管理组织结构图,并通过信息平台发布,组织结构发生变化后应及时更新组织结构图,施工单位班组管理组织结构参考图如图3-1所示。

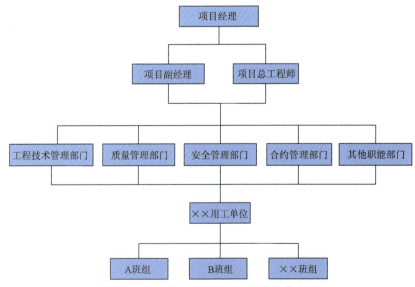

图 3-1 施工单位班组管理组织结构参考图

3.2.4 用工单位组织管理

(1)用工单位为施工单位时,施工单位班组管理组织机构即为用工单位班组管理组织机构。

（2）用工单位为专业分包单位时，组织管理要求如下：

①应建立班组管理组织机构，配备项目经理、副经理、总工程师以及施工技术、质量、安全等管理人员，主要人员资格应符合施工单位要求，用工单位班组管理组织结构参考图如图3-2所示。

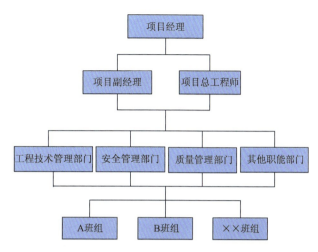

图3-2 用工单位为专业分包单位的班组管理组织结构参考图

②年产值计划在5 000万元及以下时，应配备不少于2名专职安全管理人员，2名施工技术人员，1名质量管理人员；年产值超过5 000万元时，安全、施工技术、质量等岗位人员应按施工单位要求增配至满足工程需要。

（3）用工单位为劳务合作单位时，组织管理要求如下：

①应派出现场负责人、施工技术人员、安全管理人员协助施工单位对班组进行管理。用工单位班组管理组织结构参考图如图3-3所示。

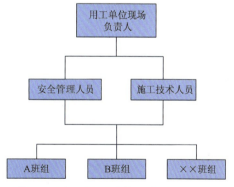

图3-3 用工单位为劳务合作单位的班组管理组织结构参考图

②工人人数在30人及以下时，应配备1名现场负责人，1名兼职安全管理人员，1名施工技术人员（可兼任）；人数在31~50人时，应配备1名现场负责人，1名专职安全管理人员，1名施工技术人员；人数在51~99人时，应配置1名现场负责人，2名专职安全管理人员，2名施工技术人员；人数在100~199人时，应配置1名现场负责人，2名专职安全管理人员，3名施工技术人员；工人在200人及以上时，每增加100人，应增加1名专职安全管理人员，1名施工技术人员。

3.2.5 班组组织管理

（1）用工单位应为每个班组配备1名合格的班组长，班组人数为5~15人应指定1名班组成员兼职担任协管员；16人及以上每增加10人，应增加1名班组成员兼职担任协管员;从事危险性较大或工艺复杂的班组可酌情增加协管员配置。

(2)施工单位应为班组指派1名施工员和1名安全员,作为班组责任施工员和责任安全员。班组组织管理结构如图3-4所示。

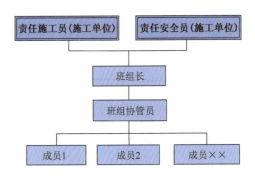

图3-4 班组组织管理结构图

3.3 班组组建

3.3.1 管理职责

(1)施工单位对班组长进行任职考核。
(2)用工单位负责组建班组,任命经任职考核合格的班组长。

3.3.2 管理要求

(1)班组组建计划。

①用工单位进场10天前,应编制班组组建计划,上报施工单位审核,同意后按计划组建班组。

②班组组建计划应包括以下内容:拟组建班组类别、班组人数、班组工作内容、工人驻地及进场时间。班组类别可参考表3-1,用工单位可进一步细化或自定义。班组工作内容宜参考附录2建设项目工程划分填写。工人驻地标准见附录3。

常见班组类别一览表 表3-1

单位工程	常见班组类别	备注
路基	土方开挖、石方爆破、路基填筑、防护工程(锚杆、锚索等,可细分)等	可自定义班组
桥涵	桩基施工、下部构造施工(承台、系梁、立柱、盖梁等,可细分)、满堂支架施工、梁板预制、预应力施工、梁板架设、挂篮施工、塔吊电梯、涵洞施工、钢筋施工、桥面铺装、伸缩缝安装、桥涵附属设施等	可自定义班组

续上表

单位工程	常见班组类别	备注
隧道	掘进施工、初期支护施工、二次衬砌施工、钢拱加工、出渣施工等	可自定义班组
路面	水泥稳定土与沥青拌和、运输、摊铺施工等	
交通安全设施	防撞栏施工、隔离栅施工、标志施工、标线施工、声屏障施工、防眩板施工、防抛网施工等	
机电	监控设施、通信工程、收费系统安装、照明工程、电力工程等	
房建绿化	场平土方施工、场平混凝土施工、基础施工、结构施工、防排水施工、装饰装修施工、水电安装、绿化施工等	

（2）主要人员任职条件。

①班组长任职条件如表3-2所示。

班组长任职条件表　　表3-2

项目	标准
基本要求	无违法违规行为
年龄要求	符合法律法规
身体要求	身体健康、可胜任岗位工作
经验要求	三年及以上工程施工经验
技能要求	具有较全面的工作技能，熟悉班组各岗位操作规程，可以指导他人作业
管理能力	具备一定的组织、协调、指挥等管理能力

②班组协管员的岗位任职不做强制性要求，具备以下条件优先推荐任职，如表3-3所示。

班组协管员推荐任职条件表　　表3-3

项目	标准
基本要求	无违法违规行为
年龄要求	符合法律法规
身体要求	身体健康、可胜任岗位工作
经验要求	一年及以上工程施工经验
技能要求	熟悉生产基本技能，了解班组各岗位操作规程
管理能力	工作态度认真，责任心强

（3）组建班组。

①开工前，用工单位应结合班组组建计划和工程量实际组建班组。

②班组人数一般不少于5人。

③班组可由相同工种或性质相近、配套协作的不同工种的工人组成，主要工种类别见

附录4。

④当班组人数过少时,用工单位可根据其作业内容,按照"相似则并,相同则合"的原则进行优化整合,整合后用工单位应择优任命班组长和协管员。

(4)班组长任职考核。

①施工单位编制实施性施工组织设计时,应同时制定各类别班组的基本考核题目,供考核班组长时选择使用。

②班组进场前,用工单位应拟定班组长,填写班组长任职考核表(附录8.1)并附相关证明材料上报施工单位(可同时上报班组进场申请表,见附录8.2),核查合格后,施工单位应组织对其掌握的知识、技能等情况进行书面考试和现场实操测评,任职考核合格后,用工单位方可任命班组长,考核不合格时应重新选择。

(5)班组命名。

班组名称应为班组长姓名+班组类别,如:王大雷担任班组长的石方爆破班组,班组名称为"王大雷石方爆破班组"。

3.4 用工实名管理

3.4.1 管理职责

(1)省级交通运输主管部门负责统筹开展高速公路施工劳务用工实名管理工作(以下简称"实名制"),建立和维护省级高速公路施工劳务用工实名制管理信息系统(以下简称"实名制系统")。

(2)建设单位负责组织、监督工程项目"实名制"的实施。

(3)监理单位负责检查、督促施工单位落实"实名制"。

(4)施工、用工单位负责落实"实名制"具体工作。

3.4.2 管理要求

(1)建设、监理、施工、用工单位应明确"实名制"的组织机构及其管理职责,机构负责人为各单位主要负责人。

(2)施工单位应根据工作需要配置至少1名专职"实名制"管理人员,负责具体事务,并在施工单位办公场所设置标识明显的"实名制"办理点。

(3)施工单位应为每个进场工人建立实名制档案,及时收集、整理、更新实名制信息,不得遗漏或填报虚假信息。

(4)工人备案信息。

用工单位与工人签订劳动合同时,应及时采集工人备案信息(表3-4),上报施工单位。

(5)进、退场信息。

用工单位应将工人纳入所属班组进行管理。班组和工人的进、退场顺序如下:班组进场、工人进场、工人退场、班组退场。

①班组进场：班组进场前，班组长填报班组进场申请（附录8.2），上报用工单位审核，通过后上报施工单位审批，同意后方可进场。施工单位应及时采集班组进场信息（表3-5）。

②工人进场：工人进场前，用工单位应组织工人到施工单位办理进场手续。施工单位核实工人身份证信息与备案信息一致后，采集进场信息（表3-4）后即完成工人进场手续。

工人实名制信息清单　　　　　　　　　　　　　　表3-4

序号	信息内容		记录时间	信息记录单位
1. 工人备案信息				
1.1	基本信息	身份证号码	签订劳动合同后，进场前	用工单位
1.2	基本信息	姓名	签订劳动合同后，进场前	用工单位
1.3	基本信息	性别	签订劳动合同后，进场前	用工单位
1.4	基本信息	民族	签订劳动合同后，进场前	用工单位
1.5	基本信息	出生日期	签订劳动合同后，进场前	用工单位
1.6	基本信息	住址	签订劳动合同后，进场前	用工单位
1.7	政治面貌		签订劳动合同后，进场前	用工单位
1.8	联系电话		签订劳动合同后，进场前	用工单位
1.9	应急信息	应急联系人	签订劳动合同后，进场前	用工单位
1.10	应急信息	应急联系人电话	签订劳动合同后，进场前	用工单位
1.11	应急信息	血型	签订劳动合同后，进场前	用工单位
1.12	教育程度		签订劳动合同后，进场前	用工单位
1.13	资格证书		签订劳动合同后，进场前	用工单位
1.14	工种		签订劳动合同后，进场前	用工单位
1.15	健康状况		签订劳动合同后，进场前	用工单位
1.16	劳保信息	签订劳保合同（是/否）	签订劳动合同后，进场前	用工单位
1.17	劳保信息	购买工伤保险（是/否）	签订劳动合同后，进场前	用工单位
1.18	劳保信息	其他	签订劳动合同后，进场前	用工单位
2. 工人进场信息				
2.1	进场时间		进场前	施工单位
2.2	所属班组		进场前	施工单位
2.3	工种		进场前	施工单位
2.4	指纹、照片		进场前	施工单位
2.5	工资卡号		进场前	施工单位
3. 工人退场信息				
3.1	退场时间		退场当天	施工单位
3.2	完成的分项工程或工序		退场当天	施工单位

续上表

序 号	信 息 内 容		记 录 时 间	信息记录单位
4. 培训教育信息				
4.1	上岗培训	培训内容	进场后上岗作业前	施工单位
4.2		培训课时		
4.3	在岗培训	培训内容	培训后3天内	
4.4		培训课时		
4.5	其他培训			
5. 工资支付信息				
5.1	工资支付		每月	用工单位
6. 质量追溯				
6.1	质量事故、问题情况		质量事故、问题责任认定后15天内	施工单位
6.2	质量事故、问题认定单位			
7. 严重不良行为信息				
7.1	严重不良行为情况		不良行为发生后3天内	施工单位
7.2	严重不良行为记录人			
8. 奖惩信息				
8.1	奖励情况		奖励处罚后3天内	施工单位
8.2	处罚情况			
9. 评价信息				
9.1	动态评价		动态评价3天后	班组各管理单位
9.2	退场定级评价		人员退场后3天内	施工单位

班组进、退场信息　　　　　　　　　　　　　　　　　表 3-5

序 号	信 息 内 容	记 录 时 间	信息记录单位
1. 班组长信息			
1.1	班组长信息	进场前	引用工人实名制信息
1.2	班组长考核结果	考核后3天	施工单位
2. 进场信息			
2.1	班组名称	班组进场前3天	施工单位
2.2	进场时间		
2.3	计划实施的分项工程或工序		
2.4	计划进场工人数量		
2.5	其他		
3. 退场信息			
3.1	退场时间	班组退场前3天	施工单位
3.2	实际完成的分项工程或工序		

续上表

序　号	信息内容	记录时间	信息记录单位
3.3	其他	班组退场前3天	施工单位
4.奖惩信息			
4.1	奖励情况	奖励处罚后3天内	施工单位
4.2	惩罚情况		施工单位
5.评价信息			
5.1	用工单位评价班组	每季度	用工单位
5.2	施工单位评价班组		施工单位

③工人退场：工人退场前，用工单位应组织工人到施工单位"实名制"办理点登记退场信息（见表3-4）。工人未进行退场登记擅自退场时，应由用工单位到施工单位进行补登记，并备注相关情况。

④班组退场：班组退场前，用工单位应填报退场申请表（附录8.3），上报施工单位审批，同意后施工单位应及时登记班组退场信息（表3-5）。

（6）培训教育信息。

施工单位应对工人进行培训教育，及时采集工人的上岗培训、在岗培训信息等（表3-4）。具体要求见"第3.6节培训教育"。

（7）工资支付信息。

施工单位应建立工资支付管理制度，及时采集工人的工资支付信息（表3-4）。具体要求见"第3.5节工资管理"。

（8）质量追溯信息。

当出现质量问题、事故，经认定属工人责任的，施工单位应及时采集工人的质量追溯信息（表3-4）。

（9）严重不良行为信息。

施工单位应及时采集工人的严重不良行为信息（表3-4）。

（10）奖惩信息。

施工单位应及时采集工人的奖励、处罚信息（表3-4）。

（11）评价信息。

①工人退场后，施工单位应对工人进行评价，施工单位应及时采集评价信息（表3-5）。

②每季度，用工、施工单位应对班组进行评价，施工单位应及时采集评价信息（表3-5）。

（12）监理单位应每月至少对施工单位的"实名制"检查一次，建设单位应每季度至少对监理、施工单位的"实名制"检查一次。

3.5 工资支付

3.5.1 管理职责

(1)建设单位对工人工资支付负监管责任,负责建立工资支付监督管理制度,负责工人工资源头管理,监控资金流。

(2)施工单位对本合同段的工人工资支付负总责,用工单位对本单位工人的工资支付负直接责任。

3.5.2 管理要求

(1)坚持先与工人依法签订劳动合同,建立权责明确的劳动关系,后进场作业。

(2)各参建单位应明确工人工资支付保障机构及其管理职责,机构负责人为单位主要负责人。

(3)工人工资保障金。

建设单位与施工单位签订的施工合同中,应明确工人工资保障金相关事宜。

(4)工人工资专用账户。

建设单位与施工单位签订的施工合同中,应约定施工单位建立工人工资专用账户。建设单位在拨付工程款时,应按照合同约定的比例或施工单位提供的数额,将工程款中的人工费单独拨付到施工单位的工人工资专用账户,确保专款专用。项目竣工验收后,施工单位可将工人工资专用账户注销。

(5)代发工人工资。

建设单位与施工单位签订的施工合同中,应明确银行或其他合法的第三方代发工人工资相关事宜。

(6)实名工资卡。

工人工资应支付到工资卡,工资卡一般为本人银行卡。

(7)工资档案管理。

施工单位应建立工人工资支付管理台账,结合"实名制系统",实时掌握现场用工及工资支付情况。施工、用工单位必须留存经工人确认签字的支付数额、时间等记录,并保存两年以上备查。

(8)现场公示。

施工单位应在工人驻地醒目位置设立信息公示牌。公示内容包括:建设、施工、用工单位及行业监管部门等信息,劳动用工相关法律法规、当地最低工资标准信息,属地行业监管部门举报投诉电话信息等。

(9)建设单位应及时记录拖欠工资单位情况,配合政府建立拖欠工资企业黑名单。

3.6 培训教育

3.6.1 管理职责

(1)建设单位督促施工单位按要求落实工人的培训教育,负责统筹集成"工人学校"的视频监控和智能识别考勤系统数据,并定期抽查。

(2)监理单位对工人培训教育情况进行监督、检查。

(3)施工单位对工人培训教育负总责,负责统筹实施工人的上岗、在岗培训教育。

(4)用工单位对工人培训教育负直接责任,配合落实施工单位对工人的上岗、在岗培训教育,负责本单位新员工的岗前教育及班组作业人员上岗教育、在岗教育。

3.6.2 管理要求

(1)"工人学校"的基础配置。

施工单位必须在施工驻地建立不少于一所"工人学校",对工人进行培训教育,施工单位"工人学校"配置要求如下:

①教室入口应配置智能识别系统(如指模考勤机等),教室内安装监控设备,配备电脑、投影仪、黑板、桌椅等必要的教学设备,教室门前标识"××项目合同段工人学校"。

②施工合同段额在2亿元以下(含2亿元),教室面积不少于$50m^2$;施工合同额在2亿元以上的,教室面积应不少于$80m^2$(可分隔为2间)。

③施工合同额在2亿元以下,实操训练场地不单独设置,可在教室或施工现场开展;施工合同额在2亿元以上(含2亿元),实操训练场地不少于$80m^2$,可开展临时用电、焊接、钢筋绑扎、小型机具与机械使用、劳动防护用品使用、灭火器材使用等实训和考核。

④本指南发布前施工单位已设置"民工夜校"的可继续使用,但应按"工人学校"要求完善基础配置。

⑤鼓励施工单位在居住人数较多的工人驻地设置"工人学校"分校,开展工人上岗、在岗培训教育。

⑥鼓励施工单位设置安全体验馆,结合VR虚拟现实技术,开展高处坠落、触电、机械伤害、物体打击等体验教育。

(2)"工人学校"的管理

①施工单位"工人学校"应有完善的组织机构,实行"一长三员"制,项目经理任校长,项目总工程师、专职安全员、施工员等任教员,必要时可聘请经验丰富的班组长、员工进行实操授课。教室内悬挂学校组织结构图、课堂管理守则等。施工单位应做好教学档案工作,包括教学计划、课程表、授课记录、授课教案、学员签到表、考核记录等。鼓励施工单位委托具有相应资质的专业培训机构,编制或提供各工种技能、安全培训教材,提供师资对工人进行培训。

②施工单位"工人学校"主要负责:工人上岗技能、安全培训和考核,部分距离较近班组的工人在岗技能、安全培训,班组长岗前、岗位技能的培训和考核。

③施工单位"工人学校"的培训考核方式应包括:笔试和实操。

④项目经理对"工人学校"的开课次数和上课内容负总责。施工单位每月应结合工程进展将培训计划上报监理单位审查,并抄送建设单位。

⑤监理单位应加强"工人学校"开课情况的督促检查。

(3)工人上岗培训与考核。

①施工单位应组织新上岗工人分工种进行技能和安全培训。

②技能、安全培训应在工人进场后作业前实施,未完成技能、安全培训的工人不得上岗作业。

③技能、安全培训的主要内容应包括:班组运作规章制度,公路施工各分部分项工程、工序技术要点、危险因素及安全防护要点,设备设施安全操作规程,岗位技能实操,劳动防护用品使用(安全帽、安全带、护目镜、绝缘鞋、绝缘手套等),安全警示标志、隔离防护设备设施认知等。

④施工、用工单位应按季度共同制定技能、安全培训计划,报监理单位批准后,由"工人学校"具体实施。

⑤技能、安全培训不得少于8学时,其中实操培训不少于2学时。技能、安全培训不得占用工人休息时间,并正常发放工资。

⑥技能、安全培训开始时和培训结束后应运用智能识别考勤系统进行考勤,并进行实时监控。"实名制系统"推行后培训记录应按要求上传。

⑦技能、安全培训后应进行笔试和实操考核,考核合格方可上岗作业。新工人和转岗工人培训合格后,用工单位还应为其指定经验丰富的人员作为"师傅","师带徒"工作1个月后,方可独立上岗作业。

⑧培训合格后,施工单位应通过"实名制系统",为每个工人分配唯一的现场识别码(二维码),标识在安全帽、工服、袖章等醒目位置,并教育工人应妥善保管现场识别码,不得借用、错用。

(4)工人在岗培训。

①施工单位应组织在岗工人定期进行在岗技能、安全培训。

②施工单位组织的工人在岗技能、安全培训原则上按季度进行,每名工人每季度在"工人学校"参加培训或接受送教上门不少于2学时。培训记录应上传"实名制系统"。

③在岗技能、安全培训的主要内容包括:上岗技能、安全培训相关知识的再强化再教育、违章案例、事故案例、新的法规标准、季节性施工和特殊时期施工要求等。

④用工单位应按法律法规要求,组织开展新员工岗前教育、作业人员上岗、在岗培训教育。

⑤班组应结合班前会,开展岗位经常性培训教育。

⑥鼓励利用网络课堂开展在岗技能、安全培训教育。

(5)班组长培训。

①施工单位原则上应每半年组织班组长额外到"工人学校"接受不少于4学时的培训。

②班组长培训的主要内容包括:职业道德、班组管理、施工技术、施工技能、安全风险防范与隐患排查等。

(6)培训效果评价。

①建设、监理、施工单位应结合安全检查和日常巡查,运用手持巡查设备(手机)等查询培训考核记录,采用现场问答等方式抽查工人对培训内容的掌握情况。发现未经培训、考核不合格或掌握不到位的上岗作业的工人应责令其下岗再培训,并依据相应奖惩细则进行处罚。

②鼓励施工单位在生产场所设置智能识别系统,禁止未进行上岗培训或考核不合格的工人进入施工现场。

3.7 班组交底

(1)施工单位应建立涵盖用工单位、班组的班组交底制度,将技术、质量、安全、环保、文明施工等方面的要求传达给班组全员,并印发用工单位和班组。

(2)施工单位总工程师应组织工程技术、安全生产、设备物资相关人员编制交底内容。班组交底内容应有针对性,通俗易懂,宜图文并茂。

(3)施工单位应在分部分项工程开工前组织用工单位和班组开展班组交底,做好记录。交底应按以下流程进行:当工程危险性较大或技术较复杂时,应分级交底,由施工单位总工程师向参与施工的施工技术人员、安全管理人员以及班组长进行交底,再由施工技术人员或班组长向作业工人进行交底;当工程规模较小或施工技术较简单时,可由施工单位总工程师直接向参与施工的施工技术人员、安全管理人员、班组长和作业工人进行交底。

(4)对于涉及技术难度高、质量要求高、危险性较大、采用新技术等作业的班组,宜由施工单位总工程师对班组进行技术交底,监理单位可派人员参加。

(5)班组交底记录应包括交底内容、交底人、被交底人(注明工种)和交底时间等,交底记录(复印件)应及时进行公示。

(6)施工、用工单位应根据制度要求对班组落实交底情况进行检查,发现问题,及时解决。

(7)当施工条件发生变化时,经施工单位总工程师确认,如需调整相关要求时,施工单位应及时再进行班组交底。

(8)当同一分部分项工程更换班组时,施工单位应重新组织班组交底。

3.8 质量技术管理

(1)施工单位应建立涵盖用工单位和班组的质量技术管理制度和体系,印发用工单位和班组,并组织其落实。

(2)施工单位应执行"第3.7节班组交底",将需要班组落实的质量技术标准和要求传达给班组。

（3）施工、用工单位应落实质量技术管理制度，履行本单位技术管理职责。

（4）用工单位负责检查、协调班组落实施工单位质量技术管理制度和技术交底要求。

（5）施工单位应在班组推行"关键工序认可制"。

①"关键工序认可制"是以关键工序为单元，由班组长、用工单位施工技术人员和施工单位施工员对班组作业的关键工序实施检查、验收，验收认可完成后方可开展施工单位的工序自检工作。具体验收表格见附录8.4，关键工序范围参见"双标"管理手册。

②施工单位应通过班组交底制度，将工序验收内容及标准传达给班组。

③施工单位对"班组关键工序认可"验收资料存档。

（6）当出现质量问题、事故时，经认定属操作人员行为导致的，施工单位应及时追溯相关作业班组班前会议记录中的作业内容分工记录，明确责任工人。

3.9　进度管理

（1）施工单位应建立涵盖用工单位和班组的进度管理制度，印发用工单位和班组，并组织其落实。

（2）施工单位应编制合同段生产计划，及时书面下达到用工单位，监督用工单位和班组落实。

（3）用工单位应组织班组长编制用工单位月度生产计划，检查、协调班组落实。

（4）施工、用工单位、班组应根据相关合同和生产计划的要求，调度、配备生产资源，满足现场生产需要。

（5）施工、用工单位施工技术人员应经常检查班组生产进度，及时发现、反馈、解决问题。

（6）施工单位应定期组织用工单位、班组长对班组生产进度进行检查，主要检查进度完成情况，分析影响进度的原因。

（7）计划执行过程中发生偏差时，施工单位应组织用工单位、班组长研究存在的问题，及时调整生产计划或生产资源。

3.10　安全生产管理

3.10.1　管理职责

（1）施工单位管理职责。

①建立涵盖用工单位和班组的安全管理制度、操作规程等，印发用工单位和班组，并组织其落实。

②按"第3.6节培训教育"要求对工人进行安全培训教育，并为班组制作危险预知手册。

③按照"第3.7节班组交底"要求对班组进行安全技术交底和各工种安全操作规程

交底。

④按"第3.14节检查监督"要求开展班组隐患排查治理工作。

⑤按要求支付用工单位安全生产费用。

⑥为班组提供的劳动防护用品、用具、机械设备符合标准规范要求。

⑦对班组进行应急培训教育,并组织开展应急演练。

(2)用工单位管理职责。

①组织班组落实施工单位安全生产目标、制度、规程、方案等。

②组织本单位工人签订安全生产承诺书(附录5)。

③按"第3.6节培训教育"组织班组进行安全培训教育。

④组织班组落实安全技术交底要求。

⑤按"第3.14节检查监督"开展班组隐患排查治理工作。

⑥按要求使用安全生产费用。

⑦做好班组特种作业人员动态管理。

⑧为班组提供的劳动防护用品、用具、机械设备符合标准规范要求。

⑨组织班组参加施工单位开展的应急演练。

3.10.2 管理要求

(1)人员与机械设备安全管理。

①劳动防护用品:安全帽、安全带应由施工单位统一代购,其他劳动防护用品原则上由用工单位自行购买,并教育工人正确佩戴和使用。用工单位应如实记录本单位劳动防护用品的领用情况。

②特种作业人员管理:用工单位应建立本单位特种作业人员台账,在特种作业人员进场前收集特种作业人员的相关资格证书,上报施工单位审核,施工单位进行初步审核后编制特种作业人员信息表并上报监理单位审核,通过后方可进场作业。

③一般机械设备管理:用工单位为本单位班组提供的机械设备应满足有关标准规范要求。用工单位应建立机械设备管理台账,向施工单位报备机械设备投入情况,并按照施工单位机械设备管理制度要求进行验收。

④特种设备管理:用工单位班组使用施工单位的特种设备时,必须与施工单位签订使用协议,明确双方安全管理责任。用工单位自带的特种设备应满足有关标准规范要求,按照"一机一档"建立特种设备安全技术档案并及时报施工单位审查存档。

(2)危险预知手册的编制。

施工单位应为班组制作危险预知手册,供班组长开展班前危险预知和班组日常学习、使用。危险预知手册可采用视频、卡片或口袋书等形式,应图文并茂、形式多样、简单易懂。手册应按班组类别制作,至少包含以下内容:

①班组作业内容;

②工人如何正确穿戴防护用品;

③作业工序中可能存在的危险；
④针对危险因素采取的预防措施；
⑤应急处置措施。

本书附录6提供了班组危险预知手册示例，示例中表现形式和表达内容仅供各单位参考。

(3)安全生产费用管理。

①施工单位应按现行法律法规要求在专业分包、劳务合作合同中明确用工单位安全生产费用额度并及时支付。

②用工单位安全生产费用应在规定范围内按实投入使用。

③施工单位应定期对用工单位安全生产费用使用情况进行监督检查。

(4)应急管理。

①用工单位应按照施工单位要求建立兼职应急队伍。

②用工单位应组织班组学习现场应急处置方案，并结合班前危险预知开展应急处置演练。

③用工单位应组织班组参加或观摩施工单位开展的应急演练。

(5)安全生产内业资料管理。

①用工单位应指定人员负责本单位安全生产内业资料管理。

②用工单位进场初期，施工单位应组织用工单位安全生产内业资料管理人员进行培训。

③用工单位应按月收集本单位所有班组安全生产内业资料，并按照施工单位内业资料管理制度要求进行整理、存档，用工单位内业资料包括但不限于：安全组织机构、安全培训教育记录、安全生产费用台账、隐患排查治理台账、人员及设备台账、劳动防护用品台账、考核评价等。

④用工单位退场前，安全生产内业资料应送交施工单位保存，保存期限与施工单位一致。

3.11 环保管理

3.11.1 管理要求

(1)施工单位应建立涵盖用工单位、班组的环保管理制度，印发用工单位和班组，并组织其落实。

(2)施工单位应执行"第3.7节班组交底"，将需要班组落实的环保要求传达给班组。

(3)用工单位应检查、协调班组落实环保管理制度和交底中关于环保的要求。

3.11.2 固体废弃物管理

(1)施工单位应在班组施工现场设置固体废弃物分类收集点，用工单位应在班组驻地设置固体废弃物分类收集容器，将可回收、不可回收及有毒有害固体废弃物分类收集处理。

(2)施工单位应统一将班组产生的废机油、棉纱及试验室、拌和站、施工现场的有毒有害固体废弃物移交政府部门批准的单位或场所进行处理。

（3）施工单位应依照现行《一般工业固体废物贮存、处置场污染控制标准》(GB 18599)对用工单位及班组固体废弃物处置进行控制。

3.11.3 废水管理

（1）施工单位应对班组施工现场废水、泥浆等的排放进行组织设计，经过沉淀处理后（有毒废水应通过化学处理确认无害后）方可排放，并定期清理沉淀池内沉淀物，保证沉淀处理效果。

（2）用工单位应将班组驻地的粪便污水经过厌氧化粪处理；食堂污水应经隔油隔渣处理。

（3）施工单位应监督班组生产、生活废水达标排放，排放标准应满足现行广东省地方标准《水污染物排放限值》(DB 44/26)的要求。

3.11.4 噪声管理

（1）施工、用工单位供班组使用的机械应采用低噪声机械设备，并设专人定期对机械设备进行维护和保养。

（2）施工、用工单位应合理安排班组施工时间，减少夜间施工，使用高噪声机械设备的班组尽量安排在白天施工，在不影响施工的情况下，不应在同一地点集中使用高噪声机械设备。

（3）施工单位应监督班组作业现场噪声状况，确保噪声排放满足现行《建筑施工场界噪声限值》(GB 12523)。

3.11.5 粉尘管理

（1）施工、用工单位应安排洒水车经常对施工现场、施工便道等进行洒水降尘。

（2）施工、用工单位应在各自的拌和楼等扬尘设备上安装除尘布袋或其他除尘装置。

（3）施工单位应持续控制班组作业现场粉尘，确保目测无明显扬尘。

3.11.6 其他环境因素管理

其他环境因素管理对策及控制标准应满足国家或地方现行标准要求。

3.12 职业健康管理

（1）施工单位应建立涵盖用工单位和班组的职业健康管理制度，并印发用工单位和班组。

（2）施工单位应定期对班组集中作业场所存在的噪音、粉尘、高温、有毒有害气体等常见的职业危害因素进行监测，留取监测记录，监测结果符合国家有关标准要求后，班组方可继续作业。

（3）施工单位应采用书面告知或现场公示的方式，将班组作业场所存在的职业健康危害因素及预防措施告知工人。

（4）施工、用工单位应保证班组生产、生活场所布局合理,在满足工程需要的前提下,有毒有害固体废弃物处理场所、高噪声机械设备和粉尘作业场所应远离班组生活区,集中固定作业场所宜设置在阴凉通风处,有毒有害或易燃易爆气体管道不能通过班组生活区和集中固定作业场所。

（5）鼓励施工、用工单位采用有利于保护工人健康的新技术、新工艺和新材料,如：选择清洁无害的原材料,推行自动化、机械化的生产工艺,减少工人手动操作频率和劳动强度。

（6）用工单位应按照施工单位要求,为工人配备有效的防护设施、用品、用具及急救用品,如口罩、耳塞、急救药箱、防暑降温用品等。

（7）施工、用工单位应通过讲授、宣传栏等方式向工人介绍职业健康知识。

3.13 文化培育

（1）施工单位应培育班组文化,培养工人的文化意识、责任意识,养成规范的作业行为习惯。

（2）用工单位应在班组驻地公共区域的醒目位置设置班组文化墙,可包含优秀班组经验介绍、优秀工人光荣榜、班组成员亲人照片及暖心寄语等。

（3）施工、用工单位可组织班组开展知识竞赛、技能比拼、文化娱乐等活动。

（4）施工单位在班组评比结束后,可组织各班组到优秀班组进行技术知识交流学习活动,分享优秀班组建设工作经验。

（5）施工、用工单位应鼓励工人进行创新发明。

（6）施工、用工单位组织的文化活动应适当设置物质奖励,施工单位应为班组文化活动提供活动资金和奖励资金。

（7）施工、用工单位应建立班组信息沟通机制,可通过建立意见征集箱、QQ群、微信群等交流沟通平台,鼓励工人参与工程建设事务,接受工人对施工单位及用工单位落实法律法规、管理制度、施工方案等情况的监督,提倡工人举报职业健康、安全、质量隐患等,采纳工人的合理化建议和意见。

（8）施工单位应定期收集整理工人反映的信息,跟踪落实信息处理情况,对有效反映信息的工人给予表彰奖励。

3.14 检查监督

3.14.1 关键工序跟班监督

（1）施工、用工单位应对关键工序的施工进行跟班监督。
（2）施工单位应制定《关键工序跟班方案》,方案包括跟班人员职责、跟班内容和程序等。
（3）施工、用工单位施工技术人员和班组长应按照关键工序跟班方案实施。
（4）跟班期间,跟班人员应详细记录施工过程中的质量、技术、安全等情况,发现问题应及时制止并纠正。

3.14.2 日常管理和巡查

(1)施工单位施工员应每日对责任范围内的全部施工班组作业现场进行管理和巡查,做好记录,发现问题及时处理。

(2)用工单位施工员应每日对责任范围内的全部施工班组现场进行管理和巡查,并至少参与一个班组的班前会,做好记录,发现问题及时处理。

(3)施工单位专职安全管理人员应每日对责任范围内不少于50%的施工班组作业现场进行安全巡查,做好记录,发现问题及时处理。

(4)用工单位专(兼)职安全管理人员应每日对责任范围内不少于50%的施工班组进行现场巡查,做好记录,发现问题及时处理。

(5)巡查具体内容及要求如表3-6所示。

现场巡查表　　　　表3-6

序号	巡查单位	巡查人员	频率(范围)	巡查内容	备注
1	施工单位	施工员	每日,巡查责任范围内全部班组	班组现场技术、质量、进度、安全情况	形成施工日志
2	用工单位	施工员	每日,巡查责任范围内的全部班组,并参与至少一个班组的班前会议	班组日循环过程中有关技术、质量、进度、安全情况	形成施工日志
3	施工单位	专职安全管理人员	每日,巡查责任范围内不少于50%的班组	班组现场安全生产情况	形成施工安全日志,一人一本
4	用工单位	专(兼)职安全管理人员	每日,巡查责任范围内不少于50%的班组,并参与至少一个班组的班前会议	班组日循环过程中有关安全生产情况	形成施工安全日志,一人一本

3.14.3 综合检查

(1)施工单位应结合月度安全检查对班组作业现场的质量、技术、进度管理等情况进行现场检查。

(2)用工单位应按要求开展现场检查、开(复)工前检查、不定期检查(专项、季节性检查)。

(3)检查人员发现隐患,能立即整改的,应立即监督班组整改;无法立即整改的,应下发整改通知单,并于整改完成后及时验证整改结果。发现隐患情节严重或重大事故隐患时,应由施工单位组织整改,同时施工单位应下达工程暂停令并及时向有关部门报告。隐患整改过程中应根据需要安排专人值守,防止整改过程中因人员误操作等引发事故。隐患排除前或者排除过程中无法保证安全的,应组织班组人员撤出危险区域,暂时停产、停工,直至整改完成。整改完成后及时验证整改结果。

(4)综合检查具体内容及要求如表3-7所示。

综合检查一览表

表 3-7

序号	检查单位	检查类型	组织方式		检查对象	频率（范围）	检查内容	备注
			组织	参与				
1	施工单位	现场检查	项目经理	工程、安全、设备、物资等部门人员	用工单位、班组	每月不少于一次	用工单位班组管理行为记录和班组现场作业情况	形成排查记录和事故隐患排查治理台账
2	用工单位	现场检查	经理（现场负责人）	工程、安全、质量等部门人员（施工技术、安全管理人员）	班组	每月不少于一次	班组长、班组协管员的班组管理行为记录，班组现场作业情况	形成排查记录和事故隐患排查治理台账
3	用工单位	开（复）工前检查	开工自检	经理（现场负责人）	工程、安全、质量等部门人员（施工技术、安全管理人员）	自查	项目开工前	开工条件	形成记录
			分项工程开工自检				分项工程开工前	分项工程开工条件	
			复工检查				复工前	复工条件	
4	用工单位	不定期检查（专项、季节性检查）	经理（现场负责人）	工程、安全、质量等部门人员（施工技术、安全管理人员）	班组	每个部门（管理人员）每年不少于一次	根据工程实际确定检查内容	形成记录

3.15 绩效评价

3.15.1 管理职责

(1)建设单位负责工程项目开工前制定班组建设绩效评价方案,并组织实施。
(2)监理单位协助建设单位开展班组建设绩效评价。
(3)施工、用工单位负责实施班组建设绩效评价。

3.15.2 工人评价

(1)评价内容。

工人评价分为动态评价和退场定级,评价内容包括:违章行为、加分行为、不良行为、严重不良行为等。

(2)评价等级。

工人评价分为 AA、A、B、C、D 共 5 个等级。其中信用扣分少于 10 分的为 AA 级,信用扣分 10~19 分为 A 级,信用扣分 20~29 分的为 B 级,信用扣分 30~39 分的为 C 级,信用扣分超过 40 分的,为 D 级。

(3)评价程序。

①动态评价。动态评价采取积分制,每个工人进场赋予 100 分原始信用分。工人在岗期间,建设、监理、施工、用工单位应对其进行动态评价。工人获得上级单位表彰时应及时记录加分;发现工人违章、不良行为,应立即形成影像记录并制止,当场开具处理单(由建设单位统一制定,一式 2 份或 3 份),列明违章或不良行为人员姓名、身份证号、本次所扣信用分值、扣分原因,由施工单位现场管理人员签字确认后施工单位统一进行扣分。每月 2 日前,施工单位应汇总各级管理单位的表彰及罚单记录,统计每名工人实时信用分值、加分原因、扣分原因,作为施工单位对班组进行复核评价的重要依据,并发送各用工单位。

②退场定级。工人退场后的三日内,用工、施工单位对其进行退场定级,结合动态评价扣分结果,确定工人退场定级结果(AA、A、B、C、D)。退场定级结果应记录在工人实名制档案。

(4)评价结果应用。

①停岗再培训。班组人员动态评价扣分累计超过 30 分时,取消该工人作业资格,需停岗再培训,考核合格后方可重新上岗,上岗后其信用分保持不变。

②清退。当动态评价扣分超过 40 分时,用工单位应在评价结果出来的 10 天内对其进行清退;当工人出现严重不良行为时,用工单位应立即对其清退。并记录在工人实名制档案。

③奖励。施工单位应定期开展"优秀工人"评选等活动,对评价结果持续保持 90 分以上的人员进行奖励。

(5)评价附表。

工人评价表可参考附录7.1,建设单位可根据本项目班组建设目标及要求,在不改变严重不良行为考核指标的前提下,可适当增减考核项目。

3.15.3 班组评价(优秀班组评比)

(1)评价周期。

施工、用工单位一般每季度对班组进行评价。

(2)评价内容。

班组评价内容包括:班组组建、劳动用工登记、团队管理、培训教育、班组运作、严重不良行为及加分行为等。

(3)评价等级。

班组定期评价分为优秀、合格、不合格三个等级。其中90分以上(含90分)为优秀,60~89分为合格,60分以下为不合格。

(4)评价程序。

①用工单位每季度首月2日前完成对班组上季度的定期评价,并按分数高低对班组进行排名后报施工单位。其中优秀比例不超过10%。

②施工单位每季度首月8日前结合日常检查监督情况对用工单位的班组进行复核评价。复核评价时用工单位对班组的评价占总分60%,施工单位对班组的评价占总分40%。施工单位每季度首月10日前将上季度"优秀班组"评价结果上报监理单位。其中优秀比例不超过10%。

③监理单位应结合日常监督检查情况进行审核,上报建设单位。其中优秀比例不超过10%。

④建设单位对监理单位每季度评选出的优秀班组进行审核确认,经审核确认达到优秀等级的班组授发"优秀班组"流动红旗。

⑤建设单位结合"平安工地"考核评价,对班组运作进行动态抽查,发现与评价结果严重不符的,或班组出现严重不良行为而评价结果仍为合格的,按合同约定对施工单位进行处罚。

(5)评价结果应用。

①建设单位应根据本单位班组建设绩效评价制度或方案为"优秀班组"发放奖金,奖金由建设单位支付给施工单位。

②"优秀班组"奖金金额由建设单位确定。其中发放给班组的奖金一般不少于当次奖金总额的50%。发放给班组的奖金应发放到班组人员。

③发放给班组的奖金宜分为基础奖励和额外奖励,基础奖励额度宜为奖金的85%~90%,额外奖励额度宜为奖金的10%~15%,基础奖励用于平均分配给"优秀班组"所有人员,额外奖励用于奖励班组长、协管员。班组长、协管员的额外奖励分配比例宜为6:4。

④连续3次被评为"优秀班组"的班组授予其"卓越班组"红旗,班组长同时获"卓越班组长"称号。获得"卓越班组"红旗的班组当季度奖金按"优秀班组"奖金1.2倍计发。

⑤评价结果为"不合格"的班组,由用工、施工单位进行约谈。连续 2 次评价结果为"不合格"的班组,由用工单位及时清退。清退记录记入工人实名制档案。

(6)评价附表。

班组评价表可参考附录 7.2,适当调整考核指标及项目分值。

3.15.4　用工单位班组管理行为评价

(1)评价周期。

施工单位一般每半年对用工单位进行班组管理行为的评价。

(2)评价内容。

用工单位班组管理行为评价内容包括班组组建、质量、技术管理、进度管理、安全管理、培训教育、工资支付、严重不良行为、加分行为等。

(3)评价等级。

用工单位班组管理行为评价分为优秀、合格、不合格三个等级。其中 90 分以上(含 90 分)为优秀,60~89 分为合格,60 分以下为不合格。优秀的比例不超施工合同段用工单位总数的 20%。

(4)评价依据。

施工单位应将以下内容作为对用工单位班组管理行为评价依据:

①交通运输主管部门的监督、检查结果或奖惩通报。

②施工单位对用工单位现场监管的记录。

③建设及监理单位对用工单位监督检查的记录。

④举报、投诉或质量、安全事故调查处理结果。

(5)评价程序。

①自评。用工单位每年 1 月和 7 月的 2 日前完成用工单位班组管理行为的自评,向施工单位上报自评表。

②评价。施工单位每年 1 月和 7 月的 20 日前结合日常管理、检查情况完成用工单位班组管理行为评价。

③施工企业备案。施工单位完成评价后,应及时将评价结果上报施工企业备案,施工企业应将其作为合格供应商的评价依据。

④信息上报公布。施工单位完成评价后,应于 5 天内将各用工单位评价结果上报监理单位,由监理单位根据日常监督、检查情况进行复核。监理单位每年 1 月和 7 月的 30 日前将经复核的施工单位对用工单位的评价结果抄送建设单位。建设单位应在工程项目相关的信息平台公布评价结果。

⑤抽查复核。建设单位可结合"平安工地"考核评价,对用工单位班组管理行为进行抽查,发现与评价结果严重不符的,或用工单位出现严重不良行为而评价结果仍为合格的,按合同约定对施工单位进行处罚。

⑥提倡交通行业协会对各工程项目用工单位班组管理评价信息进行汇总、管理,为施

工单位建立合格供应商名单提供参考。

(6)评价附表。

用工单位班组建设考核评价表可参考附录7.3,适当调整考核指标及项目分值。

3.15.5 施工单位班组管理行为评价

施工单位班组管理评价纳入"平安工地"建设评价,由建设单位实施。

4 班组运作

4.1 现场运作

班组每个作业日的现场运作为一个日循环,如图4-1所示,包括生产计划、生产准备、班前会议、班中监督、班后总结。

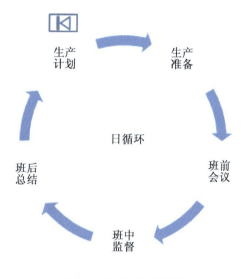

图4-1 现场运作日循环

4.1.1 生产计划

(1)接收计划。每日作业前,班组长接收施工员安排的生产计划。

(2)分解计划。班组长将接收的生产计划进行分解,分配好每一位成员的具体作业任务。可填入附录8.5班前会议记录表。

(3)计划纠偏。班组长发现实际情况与生产计划不符时,应及时向用工单位反映,用工单位与施工单位协商调整生产计划后班组长重新进行分解。

4.1.2 生产准备

(1)作业环境准备。班组长提前到达作业区域,初步确认作业环境是否安全。
(2)机具准备。班组长检查当天所需机械设备、工具等是否到位并确认使用状态。
(3)人员集合。当班人员穿戴好个人防护用品到达班前会议指定地点集合。

4.1.3 班前会议

班前会议程序如图4-2所示：

图4-2 班前会议

（1）点名。班组长对照当班人员名单点名,并检查当班人员精神状态是否良好,防护用品穿戴是否符合要求。

（2）讲话。班前讲话由班组长或现场施工员进行,主要包括：

①前一天的工作小结：将前一天工作完成情况以及机械设备运行情况进行总结,对作业中存在的不良行为提出批评,对在生产中有突出表现的人员提出表扬。

②当天作业分工及要点：讲解当天具体分工及作业中的质量技术要点、难点等。

（3）危险预知。班组长根据施工单位分发的危险预知手册,结合班组作业现场实际,做好班前危险预知,说明当天作业内容和工作区域可能存在的危险,当班工作中的安全防范措施和注意事项,施工现场出现险情或发生事故的紧急避险和应急救助知识等。

（4）记录上传。危险预知后班组长向当班人员提问是否清楚岗位分配任务、是否理解所讲内容,如有疑问班组长进行答疑。提问和答疑结束后,班组协管员将班前会议记录（视频、照片或班前会签名表,见附录8.5）上传到施工单位建立的生产微信或QQ群上。

4.1.4 班中监督

班中监督程序如图4-3所示：

图4-3 班中监督控制

（1）岗位安全确认。当班人员到达作业岗位后,应进行岗位安全确认,主要确认以下事项：

①工作场地、周围环境、相邻作业面处于安全状态；

②设备状态良好,安全防护装置有效；

③安全措施有效落实；

④作业场所以及物品堆放符合安全规范；

⑤个人防护用品、用具齐全、完好,并正确佩戴和使用；

⑥明确操作要领、操作规程等。

若在安全确认中发现问题,可以自行纠正的立即纠正;需要他人配合纠正的,报告班组长或班组协管员,要求配合进行。

(2)走动式巡查。班组长或班组协管员应在施工现场走动巡查,每个作业班次至少巡查1次,巡查内容主要包括:

①当班人员的状态是否良好;

②有无"三违"现象;

③安全设施是否完好;

④机械设备与工具器材状态是否良好;

⑤作业环境是否良好;

⑥发现的隐患是否整改到位等。

在巡查过程中发现问题应立即整改,当场无法整改但可由班组自行完成整改的,由班组长跟踪整改完成情况;班组无法自行整改的,必要时立即停止作业,并向施工单位现场管理人员报告。当班人员在作业过程中应相互监督提醒。

(3)收工前确认或交接班。当班工作任务完成后,班组长应报告现场施工员,确认是否需要交接班。

①收工前确认。如不需交接班,当班人员应对各自岗位和区域进行确认,确认机械设备已正确关机、机具放置在指定位置,电箱、控制室上锁等,确认无误后方可收工。

②交接班。如需交接班,应由交接班班组长进行必要的交接,同种工序的交接班,交接班人员应在各自岗位上进行"对口岗位"交接。如存在问题交班班组应立即处理,处理完成后接班班组方可接班。

4.1.5 班后总结

班后总结程序如图4-4所示:

图4-4 班后总结

(1)班后确认。班组长应对作业现场进行全面巡检,确认工具和材料的收回、放置、场地清洁等;确认机械设备、水、电、气、门窗、洞口等关停;确认当班人员是否缺失或有伤亡。

(2)班后改进。班后确认完成后,若无紧急情况,班组长可在第二天班前会简要总结前一天工作情况;若情况紧急,班组长应立即组织当班人员进行班后总结,重点说明紧急情况及处置措施,必要时邀请现场施工员参加。班组长对违章、不良行为人员进行帮助教育,帮助分析违章原因,指明改进方向。

日循环中班组长或班组协管员应按要求填写"一班三检"记录(附录8.6)。

4.2 工作要求

4.2.1 质量技术要求

(1)班组长。

①及时领取施工、用工单位下发的质量技术管理制度,认真学习、贯彻。

②及时领取并熟悉施工单位下发的施工图纸、工艺标准等相关技术资料。

③带领班组成员参加技术交底、技术培训教育等,掌握各项质量技术要领。

④在生产过程中严格落实技术交底要求,按方案施工,并督促班组成员落实。如施工条件发生变化,应及时向责任施工员反映。

⑤根据班组成员掌握技术情况合理分工。

(2)班组协管员。

①协助班组长开展质量技术工作。

②发现影响质量的因素及时报告班组长,协助班组长解决问题。

(3)班组成员。

①接受班组组织的技术交底、技术培训教育,掌握本工种基本知识与质量技术要求。

②在生产过程中落实技术交底要求,按方案施工,如施工条件发生变化时,应及时向班组长反映。

4.2.2 进度要求

(1)班组长。

①及时领取施工、用工单位对班组定期下发的生产计划,按生产计划要求配备足够的班组成员,满足生产需要。

②做好生产计划分解,安排班组成员具体作业任务。

③及时与施工、用工单位协调材料、机械设备等资源,组织现场生产,向施工、用工单位反映执行计划过程中存在的问题。

④监督、检查班组成员计划的执行情况。

(2)班组协管员。

①协助班组长开展进度管理工作。

②发现影响班组生产进度的因素及时报告班组长,协助班组长解决问题。

(3)班组成员。

①执行班组长工作安排。

②当本人从事的工作可能影响班组进度计划时及时向班组长报告。

4.2.3 安全生产要求

(1)班组长。

①带领班组成员参与施工单位组织的安全技术交底、安全培训教育等,掌握各项安全要求。

②领取本班组劳动防护用品后,及时发放给班组成员,并做好发放记录。

③组织班组成员接受应急培训教育和参与演练。

④发生事故后应立即组织班组成员开展力所能及的自救工作,同时报告施工单位和用工单位的现场管理人员。应急预案启动后应配合开展救援。

(2)班组协管员。

①协助班组长开展班组安全生产工作。

②发现事故隐患及时报告班组长。

(3)班组成员。

①妥善保管和正确使用劳动防护用品,防止丢失或混用。

②作业前进行本岗位的安全确认,作业中按章操作并及时劝阻、制止"三违"行为。

③保管好自己使用的机械设备,做好班组级日常保养。

④及时配合整改检查发现的问题和隐患。

⑤发现异常现象或事故及时报告班组长,必要时开展力所能及的自救,或呼喊告知周围人撤离。

4.2.4 作业环境6S管理要求

班组应推行"6S管理",6S即整理(SEIRI)、整顿(SEITON)、清扫(SEISO)、清洁(SEIKETSU)、素养(SHITSUKE)、安全(SAFETY)。

(1)班组长。

①向班组成员讲解6S管理理念,传授6S管理方法和提出具体工作要求。

②检查、督促班组成员落实6S管理要求。

③按照6S管理要求持续改进。

(2)班组协管员。

①协助班组长开展6S管理过程中的检查。

②发现班组成员有不符合6S管理要求的行为及时报告班组长,协助班组长解决问题。

(3)班组成员。

班组成员应落实6S管理具体要求:

①整理。将作业场所内的物品区分为必要的和不必要的,不必要物品应尽快清理,防止误用、误送。

②整顿。把必要物品按照规定位置摆放整齐并加以标识,提高工作效率。

③清扫。将作业场所清扫干净,使作业环境及设备、仪器、工具、材料等始终保持清洁,防止交叉污染,保证工作质量的稳定,减少作业伤害。

④清洁。不断地进行整理、整顿、清扫以维持良好的作业环境,消除异常,保持作业现

场的良好状态。

⑤素养。坚持按章操作养成规范作业的良好习惯。

⑥安全。自觉接受安全教育,提高自身安全意识,在作业中确保自身安全及使用的设备处于安全状态。

附录1 班组建设方案大纲

1 项目概况

1.1 工程概况
1.2 质量、技术、安全管理特点

2 编制依据

本指南、施工合同、建设单位相关要求。

3 班组建设目标

全面推行班组规范化标准化建设,班组日循环执行率100%,争创优秀班组_____个,卓越班组_____个。

4 班组建设组织机构

4.1 明确班组建设领导小组成员
4.2 明确领导小组、各职能部门班组建设职责

5 班组建设综合任务

5.1 制度建设(拟制定的制度)
5.2 用工实名管理
5.3 班组组建(附表1-1)

班组组建计划表   附表1-1

序　号	分项工程名称	拟投入班组类别和数量	工人驻地安排	备　注

5.4 培训教育(附表1-2)

班组培训教育计划表　　　　　　　　　　　附表1-2

序号	拟进场工种	培训方式(理论、实操)	培训地点	培训内容	计划实施时间	备　注

5.5 质量、技术、进度、安全等相关要求

6 班组建设实施步骤

宣贯动员、全面开展、阶段性评比奖励、阶段性总结提升。

7 保障措施

7.1 人力保障

7.2 经费保障

8 评价改进

附录2 建设项目工程划分

建设项目工程划分

一般建设项目的工程划分		
单位工程	分部工程	分项工程
路基工程 （每10km或每标段）	路基土石方工程（1~3km路段）	土方路基,石方路基,软土地基,土工合成材料处治层等
	排水工程（1~3km路段）	管节预制,管道基础及管节安装,检查（雨水）井砌筑,土沟,浆砌排水沟,盲沟,跌水,急流槽,水簸箕,排水泵站等
	小桥及符合小桥标准的通道,人行天桥,渡槽（每座）	基础及下部构造,上部构造预制、安装或浇筑,桥面,栏杆,人行道等
	涵洞、通道（1~3km路段）	基础及下部构造,主要构件预制、安装或浇筑,填土,总体等
	砌筑防护工程（1~3km路段）	挡土墙,墙背填土,抗滑桩,锚喷防护,锥、护坡,导流工程,石笼防护等
	大型挡土墙,组合式挡土墙（每处）	基础,墙身,墙背填土,构件预制,构件安装,筋带,锚杆、拉杆,总体等
路面工程 （每10km或每标段）	路面工程（1~3km路段）	底基层,基层,面层,垫层,联结层,路缘石,人行道,路肩,路面边缘排水系统等
桥梁工程 （特大、大中桥）	基础及下部构造（每桥或每墩、台）	扩大基础,桩基,地下连续墙,承台,沉井,桩的制作,钢筋加工安装及安装,墩台身（砌体）浇筑,墩台身安装,墩台帽,组合桥台,台背填土,支座垫石和挡块等
	上部构造预制和安装	主要构件预制,其他构件预制,钢筋加工及安装,预应力筋的加工和张拉,梁板安装,悬臂拼装,顶推施工梁,拱圈节段预制,拱的安装,转体施工拱,劲性骨架拱肋安装,钢管拱肋制作,钢管拱肋安装,吊杆制作和安装,钢梁制作,钢梁安装,钢梁防护等
	上部构造现场浇筑	钢筋加工及安装,预应力筋的加工和张拉,主要构件浇筑,其他构件浇筑,悬臂浇筑,劲性骨架混凝土,钢管混凝土拱等
	总体、桥面系和附属工程	桥梁总体,桥面防水层施工,桥面铺装,钢桥面铺装,支座安装,搭板,伸缩缝安装,大型伸缩缝安装,栏杆安装,混凝土护栏,人行道铺设,灯柱安装等
	防护工程	护坡,护岸,导流工程,石笼防护,砌石工程等
	引道工程	路基,路面,挡土墙,小桥,涵洞,护栏等

续上表

一般建设项目的工程划分		
单位工程	分部工程	分项工程
互通立交工程	桥梁工程(每座)	桥梁总体,基础及下部构造,上部构造预制、安装或浇筑,支座安装,支座垫石,桥面铺装,护栏,人行道等
	主线路基路面工程(1~3km路段)	见路基、路面等分项工程
	匝道工程(每条)	路基,路面,通道,护坡,挡土墙,护栏等
隧道工程	总体	隧道总体等
	明洞	明洞浇筑,明洞防水层,明洞回填等
	洞口工程	洞口开挖,洞口边仰坡防护,洞门和翼墙的浇(砌)筑,截水沟、洞口排水沟等
	洞身开挖	洞身开挖(分段)等
	洞身衬砌	喷射混凝土支护(钢纤维),锚杆支护,钢筋网支护,仰拱,混凝土衬砌,钢支撑,衬砌钢筋等
	防排水	防水层,止水带、排水沟等
	隧道路面	基层,面层等
	装饰	装饰工程
	辅助施工措施	超前锚杆,超前钢管等
环保工程	声屏障(每处)	声屏障
	绿化工程(1~3km路段或每处)	中央分隔带绿化,路侧绿化,互通立交绿化,服务区绿化,取弃土场绿化等
交通安全设施	标志(5~10km路段)	标志
	标线、突起路标(5~10km路段)	标线,突起路标等
	护栏、轮廓标(5~10km路段)	波形梁护栏,缆索护栏,混凝土护栏,轮廓标等
	防眩设施(5~10km路段)	防眩板、网等
	隔离栅、防落网(5~10km路段)	隔离栅、防落网等
机电工程	监控设施	车辆检测器,气象检测器,闭路电视监视系统,可变标志,光电缆线路,监控(分)中心设备安装及软件调测,大屏幕投影系统,地图板,计算机监控软件与网络等
	通信设施	通信管道与光电缆线路,光纤数字传输系统,数字程控交换系统,紧急电话系统,无线移动通信系统,通信电源等
	收费设施	入口车道设备,出口车道设备,收费站设备及软件,收费中心设备及软件,IC卡及发卡编码系统,闭路电视监视系统,内部有线对讲及紧急报警系统,收费站内光、电缆及塑料管道,收费系统计算机网络等
	低压配电设施	中心(站)内低压配电设备,外场设备电力电缆线路等

续上表

一般建设项目的工程划分		
单位工程	分部工程	分项工程
机电工程	照明设施	照明设施
	隧道机电设施	车辆检测器,气象检测器,闭路电视监视系统,紧急电话系统,环境检测设备,报警与诱导设施,可变标志,通风设施,照明设施,消防设施,本地控制器,隧道监控中心计算机控制系统,隧道监控中心计算机网络,低压供配电等
房屋建筑工程	(按其专业工程质量检验评定标准评定)	

特大斜拉桥和悬索桥为主体建设项目的工程划分		
单位工程	分部工程	分项工程
塔及辅助、过渡墩（每座）	塔基础	钢筋加工及安装,扩大基础,桩基,地下连续墙,沉井等
	塔承台	钢筋加工及安装,双壁钢围堰,封底,承台浇筑,等
	索塔	索塔
	辅助墩	钢筋加工,基础,墩台身浇（砌）筑,墩台身安装,墩台帽,盖梁等
	过渡墩	
锚碇	锚碇基础	钢筋加工及安装,扩大基础,桩基,地下连续墙,沉井,大体积混凝土构件等
	锚体	锚固体系制作,锚固体系安装,锚碇块体,预应力锚索的张拉与压浆等
上部结构制作与防护（钢结构）	斜拉索	斜拉索制作与防护
	主缆(索股)	索股和锚头的制作与防护
	索鞍	主索鞍和散索鞍制作与防护
	索夹	索夹制作与防护
	吊索	吊索和锚头制作与防护等
	加劲梁	加劲梁段制作,加劲梁防护等
上部结构浇筑与安装	悬浇	梁段浇筑
	安装	加劲梁安装,索鞍安装,主缆架设,索夹和吊索安装等
	工地防护	工地防护
	桥面系及附属工程	桥面防水层的施工,桥面铺装,钢桥面板上防水黏结层的洒布,钢桥面板上沥青混凝土铺装,支座安装,抗风支座安装,伸缩缝安装,人行道铺设,栏杆安装,防撞护栏等
	桥梁总体	桥梁总体
	引桥	(参见"桥梁工程")
	引道	(参见"路基工程"和"路面工程")
互通立交工程	(参见"互通立交工程")	
交通安全设施	(参见"交通安全设施")	

附录3　工人驻地标准

工人驻地标准

序号	项目	要求
1	驻地选址与建设	1. 工人驻地原则上应集中设置； 2. 驻地应避免设置在可能发生塌方、泥石流、水淹等地质灾害区域及高压线下，避开取弃土场，离集中爆破区500m以外； 3. 可自建或租用沿线合适的单位或民用房屋，但应坚固、安全。自建房屋最低标准为活动板房，应选用阻燃、防水材料，活动板房搭建不应超过两层； 4. 驻地应采取封闭式管理，排水系统完善，场地及主要道路应用混凝土硬化或绿化
2	宿舍	1. 宿舍内应设置生活用品专柜及垃圾桶； 2. 宿舍区应设置公共热水器； 3. 宿舍区设置公共wifi
3	会议室	1. 采光、通风、照明良好，安全标识清晰有效，对应面积宜配备对等功率的空调； 2. 面积宜不小于15m^2； 3. 会议室应配备必要的桌椅和黑板，背景墙面应设置用工单位组织机构图、工程进度表，为"送教上门"、"班组文化建设交流"等提供场所； 4. 居住人员数在50人及以上的，会议室应配备电脑投影仪等教学器材
4	食堂	1. 应符合《中华人民共和国食品卫生法》的要求，宜设置在离厕所、垃圾站、有害场所等污染源不小于20m的位置，与办公、生活用房距离不小于10m； 2. 厨房工作人员必须持健康证上岗
5	厕所	应男女分开设置，厕所内应设洗手盆和高水位冲洗装置，地面硬化，门窗齐全，蹲位之间设置隔断，间距合理
6	淋浴房	1. 淋浴房地面应作防滑处理，使用防水灯具和开关，应定时保证充足的冷、热水供给，排水通风良好； 2. 条件允许的，淋浴间可与更衣间分开设置，更衣间内设置长凳； 3. 淋浴喷头数量与人员比例宜为1:5左右
7	文娱活动区	居住人数在50人及以上的，宜建设专门的文娱活动区，可配备桌球台、乒乓球台或者健身器材等设施
8	家属探亲房	居住人数在50人及以上的，宜按照每20人不少于1间的比例配置家属探亲房，房间内应设置床铺、被褥及必要生活用品等
9	安全设施	1. 驻地内消防设施应满足《建设工程施工现场消防安全技术规范》（GB 50720—2011）的有关规定，办公区和生活区应配备干粉灭火器，设置消防水池； 2. 驻地内使用的电气设备和临时用电应满足《施工现场临时用电安全技术规范》（JGJ 46—2005）的规定

附录4　主要工种类别

主要工种类别表

序号	工种类别		证书名称	发证机构
1	特种作业人员	电工/建筑电工	特种作业操作证/建筑施工特种作业操作资格证书	安监/住建部门
2		焊工/建筑焊工		
3		架子工/建筑架子工		
4		建筑起重信号司索工	建筑施工特种作业操作资格证书	住建部门
5		建筑起重机械司机		
6		建筑起重机械安装拆卸工		
7		高处作业吊篮安装拆卸工		
8		从事爆破作业　爆破员	爆破作业人员许可证	公安机关
9		从事爆破作业　安全员		
10		从事爆破作业　保管员		
11		……		
12	特种设备作业人员	电梯机械安装维修工	特种设备作业人员证	质监部门
13		电梯电气安装维修工		
14		电梯司机		
15		起重机械安装维修工		
16		起重机械电气安装维修工		
17		起重机械指挥		
18		塔式起重机司机		
19		门座式起重机司机		
20		桥门式起重机司机		
21		叉车司机		
22		……		
23	一般作业人员	凿岩工(石方)		
24		砌筑工		
25		混凝土工		
26		钢筋工		
27		模板工		

续上表

序号	工种类别		证书名称	发证机构
28	一般作业人员	路基路面工		
29		桩基工		
30		张拉工		
31		桥梁安装工		
32		隧道工		
33		机电通信工		
34		交通安全设施施工		
35		装修工		
36		防水工		
37		水暖工（给排水工）		
38		园艺工		
39		土石方机械操作工（推土机操作工、铲运机操作工、挖掘机操作工、压路机操作工、平地机操作工）		
40		摊铺机操作工（稳定土摊铺机操作工、水泥混凝土摊铺机操作工、沥青混凝土摊铺机操作工）		
41		搅拌设备操作工（稳定土厂拌设备操作工、水泥混凝土搅拌设备操作工、沥青混凝土拌和设备操作工）		
42		桥梁专用设备操作工（包含移动模架、挂篮等）		
43		……		

附录5 安全生产承诺书

安全生产承诺书

我承诺：

1. 我自愿到＿＿＿＿＿＿班组从事＿＿＿＿＿＿工种作业，我在本项目的实名登记信息属实。

2. 严格遵守国家法律、法规和本项目各项安全规章制度和要求，按要求积极参加本项目组织的各项安全生产活动。

3. 自愿接受各级安全教育和业务技能培训，努力提高自身安全意识及工作业务技术水平。

4. 正确佩戴和使用劳动防护用品，按要求使用和维护本岗位的安全防护设施。

5. 作业前认真进行本岗位安全确认，作业中自觉遵守本岗位的安全操作规程和安全要求，有义务及时劝阻、制止"三违"行为。

6. 保管好自己使用的工具、机械设备，做好班组级日常保养。

7. 工作中发现事故隐患或者其他危险（危害）因素，立即向上报告，并配合整改隐患、解决问题。

8. 发现生产安全事故时自救、互救，并及时向上报告，积极参与事故应急救援工作，在救援中服从上级指挥。

9. 如在生产作业时严重违反安全生产的有关规定，本人将自愿接受施工单位的处罚，并承担相应后果。

承诺人：
身份证号：
＿＿＿年＿＿＿月＿＿＿日

注：本《安全承诺书》适用于一般作业工种，对于从事危险性较大或特种作业的工种，用工单位应在此基础上注明需要承诺的特殊事项。

附录6　班组危险预知手册示例

隧道掘进班组危险预知

（1）安全作业要求

①钻孔作业（附图6-1）

附图6-1　开挖钻孔危险预知预防要点

②爆破作业（附图6-2～附图6-4）

附图6-2　民爆物品运输和库存危险预知预防要点

附录 6　班组危险预知手册示例

附图 6-3　爆破作业危险预知预防要点①

附图 6-4　爆破作业危险预知预防要点②

③出渣作业(附图6-5)

附图6-5　开挖出渣危险预知预防要点

(2)应急处置要点(附图6-6~附图6-8)

附图6-6　触电事故应急知识要点

附录6 班组危险预知手册示例

附图6-7 机械伤害事故应急知识要点

附图6-8 塌方事故应急知识要点

附录 7 班组建设评价标准

附录 7.1

工人信用评价表

用工单位名称		班组名称		评价时间		
工人姓名		身份证号码				
评价项目	失信行为		扣分标准	扣分	扣分日期	备注
违章行为	未按要求接受培训教育或培训考核不合格擅自上岗		-5分/次			
	作业未按要求佩戴劳动防护用品(有整改通知单,处罚通知单、通报等)		-5分/次			
	不按方案施工或不遵守操作规程作业		-5分/次			
	其他违规行为(建设、监理、施工、用工单位可酌情增加)		-5分/次			
加分行为	获得市级及以上管理单位表彰		+20分/次			
	获建设、监理单位通报表彰		+15分/次			
	获施工单位通报表彰		+10分/次			
不良行为	拒不整改工作中存在事故隐患、质量问题		-20分/次			
	恶意滋事,打架斗殴破坏施工正常秩序		-20分/次			
	故意破坏现场机械材料,造成2万元以上的经济损失		-20分/次			
	其他不良行为(建设、监理、施工、用工单位可酌情增加)		-20分/次			

续上表

评价项目	失信行为	扣分标准	扣分	扣分日期	备注
严重不良行为	特种作业人员和特种设备操作人员未按要求持证上岗	−50 分/次	直接清退		
	组织煽动群体事件并对项目造成不良影响	−50 分/次	直接清退		
	偷盗等违法行为	−50 分/次	直接清退		
	因违章操作等造成安全质量责任事故	−50 分/次	直接清退		
总分	标准分 100 + 履约行为扣分分值 + 加分行为加分分值 + 不良行为扣分分值 + 严重不良行为扣分分值				

用工单位（签字盖章）： 评价人：
施工单位（签字盖章）： 评价人：

附录 7　班组建设评价标准

附录 7.2

施工班组评价表

施工单位名称：
用工单位名称：
班组名称：
评价时间：

行为类别	行为代码	失信行为	扣分标准	用工单位评分	施工单位评分	备注
班组组建行为	GLBZ1-1	班组长任职条件不符合要求	-5分/次			
劳动用工登记行为	GLBZ2-1	班组成员进退场未进行实名制登记	-3分/次			
	GLBZ2-2	特种作业人员和特种设备操作人员未持有效证件	-5分/次			
团队管理行为	GLBZ3-1	班组内发生打架斗殴事件	-5分/次			
	GLBZ3-2	因班组内部纠纷被建设、监理、施工、用工单位通报批评	-10分/次			
培训教育行为	GLBZ4-1	班组人员未按要求进行上岗培训	-5分/人次			
	GLBZ4-2	班组人员未接受在岗培训或培训学时不足	-3分/人次			
班组运作行为	GLBZ5-1	班组未按要求开展日循环	-3分/次			
	GLBZ5-1	班组未按技术、质量、进度、安全工作要求落实工作	-3分/次			
严重不良行为	GLBZ6-1	班组施工破坏生态环境或施工现场乱占土地，造成不良影响	直接定级为不合格			
	GLBZ6-2	因班组施工原因施工单位受到监理、建设单位通报批评	直接定级为不合格			
	GLBZ6-3	发现偷工减料等影响质量的行为	直接定级为不合格			
	GLBZ6-4	拒绝或阻碍依法进行的公路建设监督检查工作	直接定级为不合格			
	GLBZ6-5	发生10万及以上直接经济损失的质量问题、质量事故，或发生重伤1人及以上安全生产责任事故	直接清退			
加分行为	GLBZ7-1	受到施工、监理、建设单位表彰	+5分/次			
得分		标准分100分 - 扣分 + 加分				
评价总分		总分（ ）=（用工单位+施工单位）/2				

用工单位（签字盖章）：　　　　　　　　　评价人：
施工单位（签字盖章）：　　　　　　　　　评价人：

附录7 班组建设评价标准

附录 7.3

用工单位班组管理行为评价表

用工单位名称：

评价时间：

行为类别	行为代码	失信行为	扣分标准	评分	备注
班组组建行为	GLYG1-1	工人未签订劳动合同	-1分/人次		
	GLYG1-2	未按要求办理班组进退场手续	-2分/次		
	GLYG1-3	班组实名制资料未按时报送或资料不齐	-1分/次		
	GLYG1-4	班组无班组长	-5分/次		
	GLYG1-5	选用班组长不符合任职条件	-5分/次		
质量技术管理行为	GLYG2-1	未落实施工单位质量、技术管理制度和交底要求	-5分/次		
	GLYG2-2	班组未实行工序认可制	-1分/次		
	GLYG2-3	出现质量问题和事故后未及时按建设、监理、施工单位整改要求处理和整改	-5分/次		
进度管理行为	GLYG3-1	未按规定编制月度班组生产计划	-5分/次		
	GLYG3-2	因班组人员配备不到位造成进度滞后	-5分/次		
安全管理行为	GLYG4-1	工人进场未签订安全生产承诺书	-2分/次		
	GLYG4-2	未定期对班组进行安全检查、隐患排查，或记录缺失	-2分/次		
	GLYG4-3	未给工人配备劳动防护用品	-2分/次		
培训教育行为	GLYG5-1	未按要求组织工人参加施工单位组织的上岗、再岗技能、安全培训	-10分/人次		
	GLYG5-2	未按要求组织工人岗前、在岗培训	-5分/人次		
工资支付	GLYG6-1	未按规定支付工人工资	-5分/人次		

续上表

行为类别	行为代码	失信行为	扣分标准	评分	备注
严重不良行为	GLYG7-1	发生10万及以上直接经济损失的质量问题、质量事故，或发生重伤1人及以上安全生产责任事故	直接定级为不合格		
	GLYG7-2	未取得或使用伪造的安全生产许可证	直接定级为不合格		
	GLYG7-3	经质监机构鉴定工程质量不合格	直接定级为不合格		
	GLYG7-4	严重破坏生态环境或乱占土地施工的，造成恶劣影响	直接定级为不合格		
	GLYG7-5	违反公路工程建设强制性标准	直接定级为不合格		
	GLYG7-6	拒绝或阻碍依法进行公路建设监督检查工作	直接定级为不合格		
	GLYG7-7	恶意拖欠工程款，班组工资被司法机关强制执行，或因拖欠问题造成群体事件或不良社会影响	直接定级为不合格		
加分行为	GLYG8-1	积极参与上级单位安排的应急抢险行动	+5'次（有证明材料，同一事件只计算一次）		
	GLYG8-2	所承担工程获得市级以上荣誉称号的	+5'次（有证明材料，同一事件只计算一次）		
总分			标准分100 - 扣分 + 加分		

评价单位（签字盖章）：　　　　　　　　　　　　　　　　　　　　　　评价人：

附录8 班组建设用表

附录8.1

班组长任职考核表

标段名称：

用工单位			班组类别	
被考核人				
基本信息	性别			
	年龄			
	身份证号			
	教育程度			
	工作经验			
	身体状况（病史）			
	附件：相关证书复印件			
	填报人（用工单位）：			
考核成绩	理论成绩	___分(60分合格)		
	实操成绩	合格□　　不合格□		
	考核人：			
考核意见				
	施工单位工程技术管理部门负责人：			

注：与专业分包单位进行劳务合作的单位组建的班组，专业分包单位相关人员应同时在用工单位处签名。如内容较多，可酌加附页。

附录 8.2

班组进场申请表

标段名称：

班组名称			班组长		申请进场时间	
计划工作内容						
工人驻地安排						
计划进场人员	序号	姓名	工种		身份证号	
班组长	签字：　　　年　月　日					
用工单位审核意见	签字(盖章)：　　　年　月　日					
施工单位工程技术管理部门审核意见	签字：　　　年　月　日					
责任施工员签字：			责任安全员签字：			

注：与专业分包单位进行劳务合作的单位组建的班组，专业分包单位相关人员应同时在用工单位处签名。如内容较多，可酌加附页。

附录 8.3

班组退场申请表

标段名称:

班组名称		班组长		申请退场时间	
退场人员情况					
工作内容完成情况					
班组长	签字:　　　　　年　月　日				
用工单位审核意见	签字(盖章):　　　　年　月　日				
施工单位工程技术管理部门审核意见	签字:　　　　　年　月　日				
责任施工员签字:			责任安全员签字:		

注:与专业分包单位进行劳务合作的单位组建的班组,专业分包单位相关人员应同时在用工单位处签名。如内容较多,可酌加附页。

附录 8.4

关键工序认可验收表

用工单位名称：			班组名称：	
单位工程名称：			分部工程名称：	
分项工程名称：			工序名称：	
序号	验收项目	设计值或规范值	检查情况	
			班组长	施工员
1				
2				
3				
4				
5				
验收意见	班组验收意见： 班组长签名：　　　　　　年　月　日 用工单位施工技术人员（签名）：　　　　年　月　日 施工单位施工员验收意见： 签名：　　　年　月　日			

注：与专业分包单位进行劳务合作的单位组建的班组，专业分包单位相关人员应同时在用工单位处签名。如内容较多，可酌加附页。

附录 8.5

班组"班前会议"记录表

用工单位名称			班组名称	
主持人		记录人	日期	
应出勤人数			实际出勤人数	
序号	姓名	作业内容	工人签名	会议内容

附录 8.6

班组"一班三检"记录表

用工单位名称			班组名称		
作业工序			检查日期		
项目	检查内容	检查结果 符合√,不符合×	不符合描述	整改情况	
班前	当班人员状态良好且防护正确				
	作业环境和周围环境良好				
	机械设备、工具等到位				
	安全设施、标识、通道等完好				
	做好班前会议并有记录				
班中	人员状态良好				
	无"三违"现象				
	机械设备机具正常				
	安全设施完好				
	作业环境整洁				
	隐患按规定整改完成				
	操作人员完善交接班手续				
班后	做到"工完、料净、场地清"				
	机械设备、水、电、气、门窗等关停				
	生产机械设备、工具等完好				
	作业场所清洁卫生				
	班后总结持续改进				
	其他				

巡检人：　　　　　　　　　　　　　　　　　　审核人：